目 录

构式语法与语体语法：汉语作为外语教学的角度 ………………… 刘乐宁　3

日本学生汉语中介语语篇的结构特征研究——对比修辞学的视角……… 娄开阳　14

旧承德府辖境地名"杖子"探源 …………………………………… 李云龙　28

"急就篇"系列教材"问答"异文新解 ……………………………… 姚伟嘉　48
　　——以"今日、今儿个、今儿、今天"为例

中国語の"adj+起来"と日本語の「adj+なってくる」との対照研究… 梁　玥　55
　　—副詞とのかかわりを中心に—

话说汉语走向世界——2019 年汉语与汉语教学学术座谈会 ……………… 68

马真先生访谈录 …………………………………………………………… 75

本期论文中文摘要 ………………………………………………………… 85

稿　约 ……………………………………………………………………… 88

构式语法与语体语法：汉语作为外语教学的角度

哥伦比亚大学 刘乐宁

构式语法和语体语法是过去十多年来发展最快，对汉语语法研究影响最大、成果最丰的两种语法理论。

陆俭明先生在总结近百年汉语语法研究的历程与成果时，特别提及汉语语法学界对构式语法理论的引入和语体语法理论的提出。他所列举的上世纪八十年代至今汉语语法研究提出的34项观点和理论主张中，有四项涉及语言构式，一项涉及语体语法（陆俭明，2019）。吴为善先生在其汉语构式研究的专著《构式语法与汉语构式》一书中指出："20世纪90年代中期以后，专门探索汉语构式并重在探索构式理论及其承继关系的论文，发表在核心期刊的大约有40多篇。进入新世纪以来，汉语构式研究有了长足的进展，一批相关专著相继问世，相关论文多达数百篇。尤其是很多年轻的硕士生和博士生，选择汉语构式作为学位论文的研究课题，使得汉语构式研究成为学界的新热点"（吴为善，2016：7）。

如果说汉语构式语法研究领域是一派"群星璀璨"的景象，汉语语体语法研究则呈现"一家独大"的局面。不论是理论体系的构建，还是应用研究的实施，冯胜利及其团队都用力最勤，成果最丰。诚如陆俭明先生所言："他（冯胜利）从本世纪初又开始关注和研究语体语法，在这方面也发表出版了不少论著。特别是2018年出版的《汉语语体语法》全面阐述了语体语法的基本原理、单位层级和汉语语体语法系统。这无疑为汉语语法研究开辟了一个新的研究领域"（陆俭明，2019）。

那么，构式语法和语体语法之间又有何关联呢？为什么本文将二者联系起来进行讨论呢？原因有二。第一，构式语法和语体语法都以"形式—功能对应律"（form-function pairing）为基础，尽管二者对"功能"的所指略有不同。对于前者来说，所有的"意义"均可视为功能（Goldberg, 1995）；对于后者而言，"功能"是一种调整言者与听者之间远近亲疏的机制（冯胜利，2010）。

语体语法系统的基本原理即以形式—功能对应律为基础。注意：本文所谓的"形式"是指生成语法体系生成的形式，所讨论的"功能"是指语体语法交际原理中的"调距"功能（冯胜利，2017）。

we can all agree that distinct phrasal constructions are virtually never semantically and pragmatically identical.（Goldberg, 2019：86）

第二，虽然构式语法主张打破语言研究的层面之别，从单一层面对语言的全部构式（语素—词库—句法—语篇）作出统一的合理的描写与解释，但其将新构式的产生常常归因于少数核心词汇，并时常讨论同一构式在不同语境中的语式，这就无意中构成了某种层级性。而语体语法坚持语言研究中不同层面的区别，而且往往使用句法操作解释语体结构的生成。然而，在笔者看来，联系两家学说的一个重要交叉点恰恰在于语体因素。许多构式的生成或语用限制都是由于语体的作用，而很多语体结构的出现也不是句法操作所能充分解释的。两家结合方能对语体语法的诸多现象作出更为精确的描写和合理的解释。

一. 从"吾能为之足"说起

若干年前，在一次重要的古汉语和汉语史国际研讨会上，笔者与数位西方国家的汉学家就《画蛇添足》一文中"吾能为之足"一句的句法分析和英语翻译发生过争执。笔者以为句中的"足"倾向于理解为名词用如动词，整句应当译为"I can add feet to it（snake）."。而西方汉学家则认为，句中的"为"更易解读为核心动词，整句为"双宾语结构"，应译作"I can make it（snake）feed."。在美生活一段时间之后，笔者认识到，英文中的"make, do"等词虽均为所谓的"轻动词"，却可以进入双宾语结构，用如主要动词。例如："I'll make you a cup of coffee."或"Can you do me a favor?"这就是为什么西方学者的语感自然地引领他们将"吾能为之足"译为"I can make it feed."。直至近日，笔者阅读构式语法领军人物 Adele Goldberg 的新著〈Explain Me This〉才对西方汉学家的解读心理有了更为透彻的了解。

Goldberg 指出，之所以英语中"Explain me this."这样的句子不为人所接受，是因为英语中存在两种构式，一为双宾语构式（Double-object Construction）一为致使 – 位移［与格］构式（Caused-motion [*to*-dative] construction）。有些动词，如 make, do, give, deliver, tell 等，两个构式都能进入。例如：

  She told the boy a story.

  She told a story to the boy.

而有些动词，如 explain, transfer, return, detail, transport 等，仅能进入后者，而不能进入前者。例如：

  ? She explained him a story.

  She explained a story to him.

  （Goldberg, 2019：86）

为什么会出现这样的差别呢？ Goldberg 解释道，原因有二：第一，语言习得中存在所谓的"统计优先"或"统计抢占"（statistical preemption）。意即：为表达具体语境中的某个信息，不同构式之间存在一种竞争关系。如果一个较好的，即已确立的表达式存在，那么人们更倾向于使用这个已然确立了的构式，而不是一个较新的构式，因为已确立的构式更易于从我们与可寻内容相联系的记忆中提取（It is more accessible within our content-addressable associative memory）。而在受益者由人称代词表达，主题（theme）为词汇成分时双宾语结构是已然确立的构式，而致使位移［与格］构式是一个"变通"性的构式。所以，She told him a story. 是一个优先表达，

She told a story to him. 是变通表达，而 explain 只能进入变通表达。第二，explain 是一个"听上去非常拉丁"的词（sound Latinate），这一类词"拒绝被用在英语的双宾语构式中"（resist being used in the English double-object construction. Goldberg, 2019：85）。至此，笔者完全明白了为何那些西方汉学家坚持要将"吾能为之足"处理为双宾语结构了，原来他们的母语语感自动地用"统计抢占"排除了任何其他解释的可能。

不过，令笔者最为兴奋的是，虽然 Goldberg 感觉到了 explain 这一组词的拉丁味儿，却没有将这一因素与语体联系起来讨论。众所周知，英语中绝大多数借自法语或拉丁语的词语仅限于书面、正式语体的使用，而鲜见于口语、非正式语体之中。因而，我们可以说，make, do, give, tell, deliver 等词均为口语词（构式），常常用于双宾语结构，只在语用需要时（如对信息结构进行调整时）方才进入变通的致使—位移［与格］构式。而 explain, transfer, return, detail, transport 等词则为正式语词（构式），即使在相同的语境中，即当受与者为人称代词，主题为词汇成分时，也不能像另一组词一样进入双宾语结构。

Goldberg 用一个"病句"将自己的新作命名为〈Explain Me This〉，足见她对这一问题的重视。虽然我们不排除其他认知过程，如统计优先、偏误驱动习得等在其中的作用，至此，我们却可以肯定地说，Goldberg 提出的这一重要问题在很大程度上是一个语体问题。我们也可以由笔者与西方学者的官司推演出汉语和英语的一个重大差别，即英语中的一批轻动词，如 make, do 可以在特定语境中用如主要动词，进入双宾语构式，而这些词在汉语中的对应词"做，干"却不能进入双宾语构式。

　　＊他做我一杯茶。He made me a cup of tea.
　　＊我干他一个忙。I did him a favor.

一个可能的解释是，虽然汉语和英语较之于西班牙语和印地语更加容忍对动词的创造性的新奇用法（Slobin, 1996b; Talmy, 1985），可是二者在具体哪些构式更具容忍度方面尚有差异。也就是说，汉语的双宾语构式没有英语的双宾语构式那样容忍对动词的新奇的用法。

二． 构式概念的扩展和语体语法的层级性

构式语法的认知基础之一是强调整体义的完形心理学（Gestalt Psychology）。Goldberg 早期的理论也把"不可预测性"（unpredictability）作为界定构式的要素，即一个语言成分的形式、语义或者功能的某些特征不能从其组成要素或业已存在的其他构式中被严格或者准确地预测出来，那么这个语言成分就是一个构式（Goldberg, 1995）。但她在 2006 年对这一立场作了修正，不再把不可预测性作为界定构式的要求之一，即承认某些语言结构形式若有足够的出现频率，也可能被完全预测出来，它们也是构式，不可预测性不是确定存储于心智的构式的必要条件。这一立场已经非常接近 Langacker 对语言构式的定义。他认为，语言构式可以是任何大小的习惯性语言表达单位，因为任何一个习惯性语言表达单位都是形式与功能的配对儿（Langacker, 2007）。笔者采取这一广义的构式语法的立场，认为任何具有特定功能的语言形式均为构式，

小至语素,大至语篇,概莫能外。而所谓功能,涵盖语义、语用和认知,不局限于单纯的语义分析。当然,语体功能亦在其中。这一立场与冯胜利和施春宏所勾勒的语体语法的层级结构不谋而合。他们认为,"语体语法在语言的各个层面均有表现","语音、语义、词法和句法上的对立均可作为语体对立的标记或手段"(冯胜利,施春宏,2018:18)。下图集中反映了他们对语体语法体系的构拟。

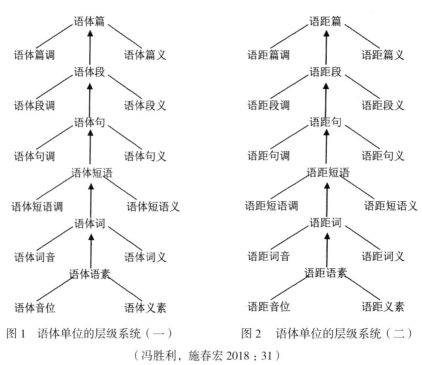

图1 语体单位的层级系统(一)　　图2 语体单位的层级系统(二)

(冯胜利,施春宏 2018:31)

语体语法对于汉语作为第二语言教学具有极大的应用价值。笔者在美从事汉语教学二十余年,学生汉语学习中的许多偏误或困难都与语体相关,都能借助于语体语法的知识给予较好的解答和指导。

三. 词汇学习中的语体问题

词汇是语言的基本组成部分。作为语言构式,词语唤起丰富的、取自于语境的概念性和感知性的信息。为了学会得体地使用一个词语,学习者必须明了影响决定得体使用该词语的每一个因素,即那些制约该词语使用的不同因素(conditioning factors),这些因素包括语义、信息结构、语域(语体)、方言和构词—音韵学的知识等(Goldberg, 2019:98)。

根据 Goldberg 和其他学者的观察,幼儿在获得语言的过程中较之成年人更为保守,更加依赖语言输入的质量与数量,常常不能体察不同语言构式之间的相似或不同之处,因而其一般性的概括能力较之成人可以说被降低了。而成年学习者更倾向于利用自己的推理和概括能力生成错误的、甚至不存在的语言构式,却往往不能掌握目标语中具体词语的独特用法,尤其是成语的用法。表现在汉语作为二语的教学中,许多学生不能区分语素的语体特征,也就不能正确地使用由其构成的不同词语。

3.1 "快"与"速"的纠结及其他

不久前,一位美国同学问笔者:为什么汉语中有了"快递"以后,又有"速递"一词?这不是多余吗?笔者回答道:它们的语体不同啊。我们可以说"现在寄东西快递很方便。"却不能说"*现在寄东西速递很方便";中央电视台电影频道有"佳片速递"栏目,却没有"*佳片快递";药店有卖"速效救心丸"的,没有卖"*快效救心丸"的;有"速成学院",没有"*快成学院"。学生表示明白了。几天之后,这位同学又来问笔者:老师,既然"快"是一个口语语素,为什么可以构成"快婿"和"快意"这样的词语并出现在诸如"乘龙快婿"和"快意人生"这样非常书面化的表达中?笔者惊喜于该生的好学深思,耐心解释道:这两个词中的"快"都不再是表达速度之快的"快"。"快婿"中的"快"是"令人满意"的意思,而"快意"中的"快"则是"愉快、畅快"的意思。它们与速度之"快"在语义上有一种隐喻的关系,在语用环境上则大不同,仅仅用于近乎固定表达的构式中,语体上也是正式的。我又提醒道:英语里不是也有"fast"跟"quick"的不同吗?受到这次谈话的启发,笔者就此作了一点研究,发现汉语与英语都在构词和词组层面有明显的语体表现。

the fast train	*the quick train	*the rapid train	快车
fast food	*quick food	*rapid food	快餐
a quick meal	*a fast meal	*a rapid food	便餐

显而易见,英语中的"fast"如同汉语的"快"也是一个口语语素,由其构成的词语均为口语词。"quick"也是口语语素,可是其语义与"fast"略有不同,因而搭配成分有别。而"rapid"基本上是个正式语素,其修饰的中心语均为语义抽象的正式词语,如"rapid development"。

这样一种口语和书面语的对立,在"好"与"佳"这两个语素身上也表现得十分充分:

口语	书面语
好人	佳人
*好音	佳音
好饭	佳肴
好茶	佳茗

值得注意的是,"好人"与"佳人"的语义大异其趣。前者是对人品的评断,后者则是对外貌的欣赏。而"音"作为单音节语素根本不与"好"搭配成词。

系统地审视英语中最常见的词语搭配并与汉语做一比较,也可以看出语体在其中的作用:

Most common types of lexical collocations:

form	collocation	ill-combination
adverb + adjective	completely satisfied	*downright satisfied
	非常满意	*彻底满意
adjective + noun	excruciating pain	excruciating joy
	剧痛	*剧乐
noun + noun	a surge of anger	*a rush of anger
	暴怒	*突怒
noun + verb	lion roar	*lion shout
	狮吼	*狮喊
verb + preposition phrase	burst into tears	*blow up in tears
	热泪盈眶 潸然泪下	*热泪满眶 *潸然泪出

如上图所示，包含书面化语素的词语搭配一般也仅用于正式语体，如 "excruciating pain"（剧痛），"a surge of anger"（暴怒）和 "lion roar"（狮吼）。

3.2 "恶名"与"佳人"的纠结

如前文所述，成人二语学习者较之孩童在学习过程中更"积极"，更"有创造力"，时常利用自己的推理和概括能力生成错误的、甚至不存在的语言构式。笔者高级汉语课的学生在学习了"恶名"之后便造出了下面的句子：

*孔子"有教无类"的主张使他在历史上留下了善名。

惊诧之余，笔者意识到学生之所以造出这样的病句，是因为他们已经掌握了"恶名"的用法，并且知道"恶"的反义词是"善"，因而造出了"善名"这样一个汉语中并不存在的词语。笔者告诉学生，虽然"善""恶"的确为一对儿反义语素，然而"恶名"的反义词为"美名"，并非"善名"。这一点学生们较为容易理解，可是若要说明缘何汉语中存在"美名"却无"善名"则颇费口舌。根据构式语法理论，语言的使用和新构式的出现是一个"统计优先"的过程，如果一个已然确立的构式存在，而新构式的功能与之并无区别，则已然存在的构式会"阻断"新构式的出现。这大概是"善名"被"美名"所阻断，未能出现的原因吧。

四. 由词入句："辩解"之辩

对一个特定构式的学习，大到语篇结构，小至构词语素都是一个逐渐深入的过程。只有在多次遭遇之后，我们才能对一个特定构式的功能有较为全面的认识。对正式语体构式的学习尤其如此。笔者"学术汉语"的课堂上，一个学生在做书面陈述的练习时念道：

*联合国大会期间，各国代表极力辩解自己的观点。

笔者刚刚提醒该生"辩解"的对象常常是错误的言行，该生立刻改口道：

*联合国大会期间，X国代表极力辩解该国的暴行。

笔者再次打断该生，提醒他："辩解"一词为不及物动词，其对象需由介词"为"引入。

该生摇摇头,似乎很无奈地迁就了笔者,说出下面的句子:

?联合国大会期间,x国代表极力为该国的暴行辩解。

笔者仍然没有满意,强调道:"辩解"一词为书面语,其使用语境有着特别的信息结构,进入的语式常为:Sb. 为 Sth.(negative, definite)进行辩解。此时,那位学生已经哭笑不得,但还是说出了令人满意的句子:

联合国大会期间,x国代表极力为该国在xx地区的暴行进行辩解。

对"着想"一词的教学也经历了类似的过程。

*我妈妈着想我。

?我妈妈为我着想。

?我妈妈为我的饭着想。

我妈妈为我的未来着想。

以上讨论再次印证了 Goldberg 对成年人语言学习特点的描写,即成年人倾向于忽视目标语中一些与母语不相关的微妙向度,因而面向成年人的语言教学显性的指导和反复的练习是十分必要的。

五. 学术汉语的语言学特征和教学

学术汉语教学是汉语作为外语教学的重要内容,也是目前汉语国际教育亟需改进的领域。赴华留学生最大的学习障碍即为学术汉语写作能力严重不足,新一代海外汉学家学术汉语的水平(包括翻译能力)甚至不及其前辈。

学术汉语是一种正式语体,根据张正生的调查,其正式度仅次于官方文本。

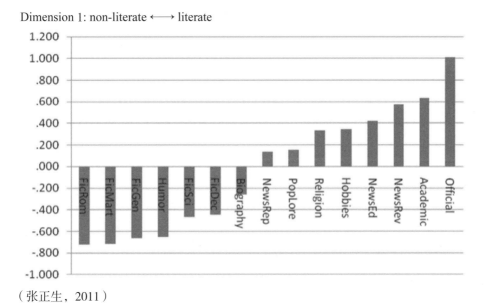

(张正生,2011)

作为正式语体，学术汉语具有其他正式语体共同具有的特征。自上世纪70年代以来，美国学者对学术语体进行了持久的、深入的研究。他们所描述的学术语体的语言学特征包括：

1. Long sentences: 长句（表达较为复杂的语义）
2. Passive voice: 被动句（将陈述转化为描写的重要手段）
3. Nouns and Nominalization: 名词和名词化
4. Condensed complex messages: 紧缩的复杂句
5. Clarity: 明晰度（分句的连接方式，尤其是因果关系的标记）

  （Zwiers, 2014:37–41）

冯胜利（2017）详细列举了近年汉语语体语法的研究成果，其中牵涉学术语体的特征包括：

1. 核心动词的双音节特征和合偶性

  挖坑　vs. 挖掘潜力　　学戏　vs. 学习科学

2. 合偶性动词词组的名词化

  挖掘潜力 ⟶ 潜力的挖掘

  学习科学 ⟶ 科学的学习

3. 仅双音节正式动词可以进入"O 的 V"构式

  教材的编写　＊教材的编

  哲学的批判　＊哲学的批

也就是说，只有双音节动词可变形为［-V］（动名词）。而这样的动名词常常与所谓的"形式动词"搭配形成以下构式：

  进行 + 改革　　加以 + 批判　　展开 + 调查　　遭受 + 迫害

与此相关的语法现象还有以下几点：a. 所谓的"二价抽象名词"也必须为双音节，如：对弱者的同情，对妇女的偏见，对生命的意义，对农村的优惠政策；b. 介词结构"对……"只能修饰双音节的二价抽象名词（陆俭明，2003:137）。由此可以看出动名词与二价抽象名词均为正式体形式，均可进入"对 + 有定/抽象名词 + 形式动词 + 动名词"的构式，而这一构式是学术语体的重要语体特征之一。

从以上讨论可以看出，名词化是学术语体的一个重要特征。何为名词化？

> Nominalization means turning verbs or adjectives into nouns that then become the subject or object in a clause or phrase. The purpose of nominalization is to condense what can often amount to lengthy explanations into a few words, such as *personification, cancellation and revolution.*

  （Zwiers, 2014:39）

除了上述"对语义密集化"的作用之外，名词化的另一个重要功能是废除话语主体（eliding agency），从而使作者的立场变得更为隐蔽，更为客观。下面这一段英文文本在名词化前后的不同清晰地揭示了名词化的这一功能：

> Settlers and hunters killed all the buffalo and the government forced all the Native

Americans to leave their lands and move to reservations. Because the animals and people who had lived on the plains were gone, the land was available, so ranchers began to raise cattle.

新移民和狩猎者屠杀了所有的野牛,政府强迫所有美国本土人离开了他们的土地并迁入保留地。由于动物和原住民都被赶走了,土地开放,农场主们开始经营畜牧业。

The destruction of the buffalo and removal of Native Americans to reservations emptied the land for grazing cattle.

野牛的灭亡,本土人向保留地的迁移为经营畜牧业腾出了土地。

较之于名词化前的叙事,名词化后的说明彻底废除了话语主题,完全隐去了作者的立场。这是学术语体忽略施事者,降低主观性的具体操作。

综上所述,学术语体的种种语言特征均指向一个目的,即变叙事为说明,使文本具有极强的客观性。

六. 基于语料库的量化证明

为了证实学术汉语对前述"Sb. + 对(就)+ Sth. + 处置性形式动词 + 动名词"构式的倚重,我们首先使用北京语言大学大数据语料库BCC,搜索"讨论",共得出17万余条语料。但是我们只能下载一万条例句进行分析。所以我们搜索了"进行+讨论"的格式,统计了这一形式在不同语体文本中出现的频率。

而后,我们在国家语委现代汉语通用平衡语料库中,利用整词匹配搜索出含"讨论"一词的例句1447条。经过筛选,分出了"讨论"在SVO句中的语料和与"开展、展开、加以、进行"等形式动词搭配的语料。

我们根据语料来源和语境信息对语料进行了语体分析,将语料分为5类:论文论著、新闻报道、科技文献、政论法条和文学。试图分析讨论两种用法在不同语体中出现的频率(表1、表2)。

国家语委现代汉语通用平衡语料库样本数(篇章数)9487个,字符数19,455,328个(含汉字、字母、数字。标点等)。

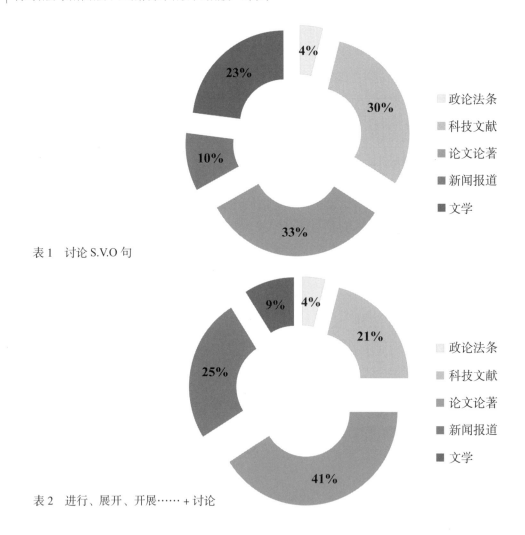

表1 讨论 S.V.O 句

表2 进行、展开、开展……+讨论

以上两张图表清楚地表明,"讨论"一词进入"SVO"句式在文学叙事文本中比较常见,占总用例的百分之二十多;而"进行/加以/展开+讨论"的构式基本只见于正式语体之中,占总用例的百分之九十以上。这一结果与本文前述汉语学术语体的语言特征完全吻合。

本文从汉语作为二语教学的角度对构式语法和语体语法对汉语语体分析的异同做了陈述,并利用其理论对汉语作为二语教学中一些常见偏误进行了解析。笔者意在说明,构式语法和语体语法均将语体作为构型语法的因素之一,语体因素体现在语言结构的各个层面,可以说无所不在。语体成分的学习过程亦反映语言习得的普遍规律。

参考文献

冯胜利 2010 《论语体的机制及其语法属性》,《中国语文》第五期,400–412 页

冯胜利 2017 《从语音、语义、词法和句法看语体语法的系统性》,《中國語学》264 号,1–24 页

冯胜利 2018 《汉语语体语法概论》,北京:北京大学出版社

冯胜利、施春宏 2018 《论语体语法的基本原理、单位层级和语体系统》,《世界汉语教学》三期 302–324 页

冯胜利 2017 《从语音、语义和句法看语体语法的系统性》,《日本中国语学会会刊》

陆俭明 2003 《现代汉语语法研究教程》,北京:北京大学出版社

陆俭明 2019 《近百年现代汉语语法研究评说》,北京:商务印书馆公众号

吴为善 2016 《构式语法与汉语构式》,上海:学林出版社

Goldberg, A.E. 1995. *Construction: A Construction Grammar Approach to Argument Structure.* Chicago, IL: Chicago University Press.

Goldberg, A.E. 2006. *Constructions at Work: The Nature of Generalization in Language.* Oxford, Oxford University Press.

Goldberg, A. E. 2019. *Explain Me This.* Princeton and Oxford, Princeton University Press

Langacker, R. W. 2007. *Cognitive Linguistics: Internal Dynamics and Interdisciplinary Interaction.* [M]. Berlin: Mouton de Gruyter.

Slobin, D.I. 1996b. *Two Ways to Travel: Verbs of Motion in English and Spanish. In Grammatical Constructions: Their Form and Meaning.* Edited by M. Shibatani and S.A. Thompson, 195-217. Oxford: Oxford University Press.

Talmy, L. 1985. *Lexicalization Patterns: Semantic Structure in Lexical Forms. Language Typology and Syntactic Description* 3 (99): 36-149.

Zhang, Zhensheng, 2011. *Two-Dimensional Study of Chinese Registers.* Macau: University of Macau University

Zwiers, J., 2014. *Building Academic Language.* San Francisco: Jossey-Bass

日本学生汉语中介语语篇的结构特征研究
——对比修辞学的视角

中央民族大学 / 樱美林大学　娄开阳

一. 引言
1.1 研究背景

1966 年，美国语言学家 Kaplan 发表了"Cultural thought patterns in intercultural education"（《跨文化教育中的文化思维模式》）一文，提出了"对比修辞理论（Contrastive Rhetoric）"。该文是对比修辞研究领域的种子性研究，他认为来自不同文化背景学生的 L2 作文的结构特征不同，原因是由学习者母语文化思维模式迁移造成的。其主要结论为：(1) 英语呈直线型结构模式（Linear）：其语篇文体思维像一条直线，主题句（即本文所谓的"中心句"）位于篇首，随后的论据细节和例证用来支持主题句的论点，该模式也被称为演绎型模式（The Deductive Reasoning）。(2) 东方语系（包括汉语、日语等）呈螺旋型结构模式（The Circular Pattern）：作文中的主题往往通过迂回的方式来阐述发展，其特征为组织思维混乱，语篇主旨表达呈递进式。参看图 1 [1]。

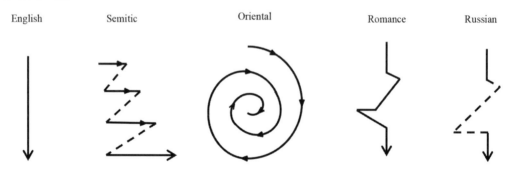

图 1　Kaplan 归纳的语篇模式

该结论被公认为"Contrastive Rhetoric"假说，那么该理论假设是否正确呢？在东方语系中，日本人的思维模式被认为是最为含蓄的（方懿、高鹏飞 2004；大石 1992；周国龍 2016），因此考察日本学生 L2 作文的篇章结构特征将有助于回答这个问题。

本文拟以 175 篇日本学生 HSK 作文语料为研究对象，运用语料库语言学和统计学的研究方法，揭示日本学生汉语中介语语篇的结构特征，从而证实或证伪 Kaplan（1966）所提出的理论假设,以期为对比修辞研究做出理论贡献。

1.2 日本书面语篇结构特征研究概况
1.2.1 前人研究的主要观点
相关研究主要以 L1 书面语篇为研究对象,主要观点如下:

(1)**日本学生的书面语篇表达习惯按照记事的顺序来写**。有学者(大井 2002;竹中 2007)认为由于日本对写作教学并不重视,导致日本人的写作能力不强,日本学生从小就养成了按事情的顺序写文章的习惯。

(2)**日本读者所期望的书面语篇模式是"起承转合"模式**[2]。Hinds(1983)指出,"起承转合"模式是日语中受到很高评价的一种语篇模式。Hinds(1984)又通过对比日语母语者和英语母语者的差异,进一步证实了自己的观点。

(3)**日本学生汉语 L2 作文的语篇模式具有直线型结构特征**。娄开阳(2018)运用语料库语言学的方法研究了 96 篇日本学生作文,发现日本学生作文的语篇模式具有直线型结构特征。

综上,尽管前人的观点并不一致,但除 Kaplan 之外的时贤均不认为日本学生的书面语篇(无论是 L1 还是 L2)具有螺旋型的结构特征。

1.2.2 前人研究的缺陷与不足
前人的研究除了在研究方法上定性研究多而定量研究少之外,还存在以下缺陷与不足:

(1)**研究语料不同质**:Kaplan(1966)拿外国学生英语 L2 作文与《圣经》片段作对比;而 Hinds(1983、1984)拿分析报纸专栏文章所得的结论去证伪 Kaplan 分析学生作文所得出的理论假设,所用语料均不同质。

(2)**语料数量不充足**:Kaplan(1966)超过 5 种语言的总样本量只有 598 份,娄开阳(2018)使用了 96 篇语料,而 Hinds(1984)则仅使用了 4 篇语料,样本量均嫌不足。从统计学上来说,这会影响到结论的可靠性。

(3)**对比标准不统一**:要对比不同语篇之间的结构特征就必须有统一的对比标准。而 Kaplan 对结构特征的概括略显主观,Hinds 也是另起炉灶,其间缺乏统一的对比标准,未能客观反映不同母语背景学习者 L2 书面语篇的结构特征。

(4)**概念界定不尽相同**:前人的研究在核心概念的界定上各不相同,各说各话。而若想证伪 Kaplan 的理论假设,就必须也采用他所界定的核心概念,否则难以服人[3]。Kaplan 认为"直线型"结构的主要特征是:语篇思维像一条直线,其主题句居于段首,随后的论据细节和例证用来支持主题句的论点(齐放、张军 2015)[4]。本文将遵循 Kaplan 的标准展开研究。

综上,前人在语料的同质性与样本数量、语篇结构对比标准、核心概念界定及研究方法等方面均存在不足。本文在研究设计上将力求克服前人的上述缺陷与不足。

1.3 研究设计

下面从总体思路、研究语料和研究假设三方面阐述本文的研究设计。

1.3.1 总体思路

本文的总体设计思路如下：

第一，确定研究对象：以日本学生的汉语作文语料为研究对象，以解决 Kaplan 对于"东方语系"的过度概括问题（汉语、日语和韩语当然不可混为一谈）。

第二，保证语料的同质性和数量：基于 HSK 动态作文语料库选取了 175 篇日本学生的作文语料。

第三，确定对比标准：确定了篇章结构特征对比的三个关键点：中心思想、结构要素和结构关系[5]。

第四，统一核心概念：依据 Kaplan 和学界对"直线型"（演绎型）结构概念所做的概括，本文将直线型结构模式进一步界定为三点：①有中心句（即主题句），②中心句居于篇首，③结构关系为解证关系，并据此展开后续的研究设计。

第五，采用科学方法：本文采用语料库语言学和统计学的方法以提高结论的科学性。根据对比标准和核心概念，运用统计学中二项分布检验的方法做出理论假设，通过数据分析证明日本学生汉语中介语语篇也具有直线型的结构特征，从而证伪 Kaplan（1966）的理论假设。

1.3.2 研究假设

根据 Kaplan 和学界对"直线型"（演绎型）结构概念所做的概括，本文可做出如下假设：

（1）依据直线型语篇模式的单中心性特点，提出假设 1。

假设 1a：日本学生的语言表达篇章大多数有中心句。

假设 1b：日本学生的语言表达篇章倾向于一篇文章一个中心。

（2）依据直线型语篇模式中心句前置的特点，提出假设 2。

假设 2- 中心句前置假设：日本学生汉语 L2 作文的中心句倾向于放在篇章的开头。

（3）依据直线型语篇模式中结构关系多为解证关系的偏好，提出假设 3。

假设 3- 解证关系偏好假设：日本学生汉语 L2 作文结构关系偏好使用解证关系。

二．材料与方法

2.1 研究材料

本文基于 HSK 动态作文语料库选取了题为"记对我影响最大的一个人"的作文语料，其中低分区（≤60 分）语料 55 篇，中分区（61–79 分）语料 77 篇，高分区（≥80 分）语料 43 篇，合计 175 篇。男女生比例为 60∶115。语料取样情况见表 1。

表1 语料总体分布表

	低分区（≤60分）	中分区（61-79分）	高分区（≥80分）	合计
男生	27	24	9	60
女生	28	53	34	115
合计	55	77	43	175

下图2是不同分数语料的具体分布状况。

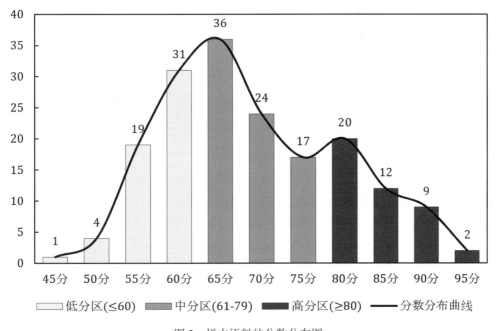

图2 样本语料的分数分布图

之所以选取题为"记对我影响最大的一个人"的语料是因为该命题虽然属于记人类记叙文，但带有说明和议论的性质：不仅要说明这个人（WHO）是谁，还要记述此人的背景（BACKGROUND）及具体影响内容（WHAT），从而证明为什么此人对自己的影响最大（WHY）。此外，划分低、中、高三个分数区是为了考查语言水平是否对语篇结构特征产生影响。

2.2 研究方法

本文在研究方法上主要采用语料库语言学和统计学的方法。

2.2.1 语料库语言学：语料标注

本文需要知道的三个问题是：语料是否有中心？中心句的位置在哪里？结构关系是否用了解证关系？这均涉及到语料库语言学中的语料标注问题，因此语料标注是本文的核心工作之一，也是全文立论的基础。语料标注工作的核心的问题是"标什么"（标注参数）和"如何标"（标注方式）[6]。

（1）标什么：多项标注参数的确定。

我们需要在语料中标出：①中心句；②中心句的位置；③结构关系。由于结构关系是中心思想与结构要素之间的关系，因此也须标出各结构要素。

通过分析，作文语料"记对我影响最大的一个人"可析出以下结构要素：人物（WHO，对自己影响最大的人）、背景（BACKGROUND，该人的背景）、内容（WHAT，对自己产生了什么影响）、效果（EFFECT，对自己的影响效果）、原因（WHY，为什么对自己的影响最大）、方式（HOW，是采用什么方式对自己产生影响的）。

（2）标注方式：标注形式与标注方法。

具体标注形式采用"篇内标注+篇外标注"的形式。因结构关系等参数无法在语篇中标出，所以只能标注于篇外。同时，某些参数（如中心句的位置）尽管可标注在篇中，但不便于统计，因此采用篇内与篇外相结合的标注方式是稳妥的。

具体标注方法则完全采用人工标注的方式。所有标注参数均需标注员主观分析，同时加大样本量，并增加校对遍数，以求最大幅度降低标注偏误。

2.2.2 统计检验方法：单样本二项分布检验

本研究利用二项分布检验对语料统计结果进行检验。本研究的所有假设检验实际上是要通过本研究中的175个样本来推断总体的语篇在中心数量、中心位置以及结构关系上是否存在倾向性或者偏好。具体研究过程中，我们将这种倾向性或者偏好操作设定为出现概率大于60%，亦即在各项判断指标均标注为"是否……"的语料样本中：

$$P_{是} > 0.6$$

如图3所示，在一个期望=0.6的二项分布近似曲线中，横坐标表示样本中特定选项在样本中出现的频率，纵坐标表示出现这种频率的样本在总体抽样过程中发生的概率。就本研究而言，横坐标即为各项判断指标为"是"在样本量为175的样本语篇中出现的频率，纵坐标为这个样本在对总体进行n次抽样时出现的概率。基于此，我们通过研究样本对总体进行推断——当本研究中各项判断指标为"是"的频率没有落在下图中的拒绝域时，我们即可对总体做出判断，认为在总体语篇中，该研究指标属性为"是"的比例大于0.6，即$P_{是} > 0.6$，并且"这一判断是错误的"的可能性小于5%。

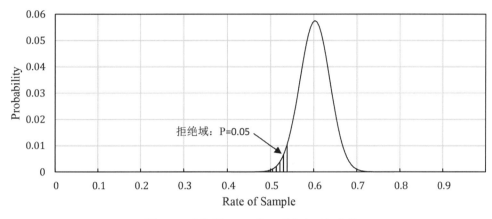

图 3　一个期望 = 0.6 的二项分布近似曲线

实际研究中，我们使用统计软件计算犯错的可能性（显著性 sig.），将能够直接获得犯错可能性的具体数字，从而获得通过本研究样本来推断总体的可靠性。

三. 数据结果与解释

3.1　总体数据结果的描述

根据语篇标注结果，我们对样本语篇在各项研究指标的分布上进行了统计，得出图 4。

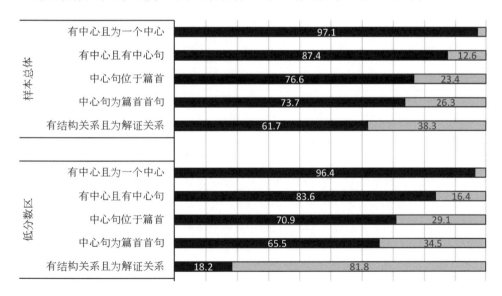

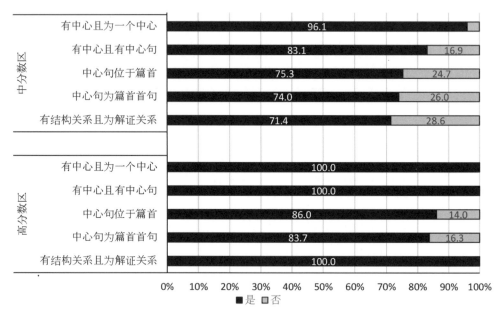

图 4　按分数分组对比研究指标的分布

总体来看，本研究样本中日本学生汉语 L2 作文语篇模式呈直线型逻辑比较明显，各项指标统计值均超过了 60%——高达 97.1% 的样本语篇有且只有一个中心，并且 87.4% 的样本语篇有明确的中心句；中心句位于篇首的样本语篇比例达到 76.6%，甚至有 73.7% 的样本语篇中心句为语篇首句（篇首首句）；并且样本语篇中形成了结构关系且结构关系为解证关系的比例也达到了 61.7% [7]。

进一步地，我们将样本语篇按分数分为低、中、高三组——低分数区（≤ 60 分）、中分数区（61-79 分）和高分数区（≥ 80 分），进一步进行研究指标的统计。结果显示，样本语篇的分数越高，上述指标的比例就越高，在高分组里面甚至有三项指标（有中心且为一个中心、有中心且有中心句、有结构关系且为解证关系）的比例达到 100%。这说明，语言水平是影响语篇结构特征的重要因素：只有高水平的语料才能充分反映外国学生 L2 作文的语篇结构特征；而低水平语料可能没有中心思想、形不成中心句、结构要素缺失或者形不成结构关系。

在本研究的样本中，日本学生汉语中介语语篇的直线型结构特征已经很明晰了。本研究样本中的指标倾向能否推广到总体日本学生汉语中介语语篇中，从而证明本研究的假设呢？我们对各项研究指标做了进一步的统计分析和如下检验：

3.2　中心思想的呈现状况

首先来看日本学生作文的中心思想/中心句呈现情况。图 5 是分别从低分数区（≤ 60 分）、中分数区（61-79 分）和高分数区（≥ 80 分）以及样本总体进行统计汇总的中心思想呈现状况表。

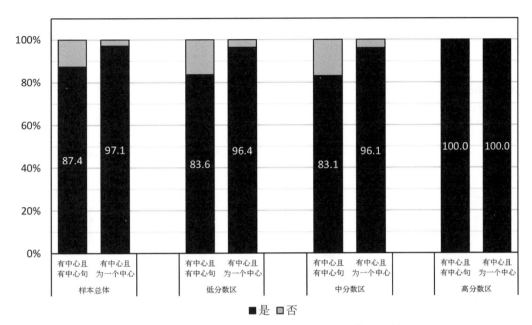

图 5　日本学生汉语 L2 作文的中心思想 / 中心句呈现情况

如图 5 所示，在 175 个语料样本中，低分数区和中分数区存在没有中心或者没有中心句的情况，但是比例并不高，也只有低分数区和中分数区出现了无中心或者多中心的情况，比例均在 5% 以下，而高分区的语篇则 100% 有中心且有中心句、100% 有中心且只有一个中心。这表明高分的语料样本具有更加明确的中心和更加明确的单中心偏好。

表 2　日本学生汉语 L2 作文的中心思想 / 中心句呈现情况的二项检验

检验项		观测值			假设		检验结果	显著性
		是	否	P是	原假设	备择假设		sig.
样本总体	有中心且为一个中心	170	5	97.1%	P是≤60%	P是>60%	接受备择假设	0.000
	有中心且有中心句	153	22	87.4%	P是≤60%	P是>60%	接受备择假设	0.000
低分数组	有中心且为一个中心	53	2	96.4%	P是≤60%	P是>60%	接受备择假设	0.000
	有中心且有中心句	46	9	83.6%	P是≤60%	P是>60%	接受备择假设	0.000
中分数组	有中心且为一个中心	74	3	96.1%	P是≤60%	P是>60%	接受备择假设	0.000
	有中心且有中心句	64	13	83.1%	P是≤60%	P是>60%	接受备择假设	0.000
高分数组	有中心且为一个中心	43	0	100.0%	P是≤60%	P是>60%	接受备择假设	0.000
	有中心且有中心句	43	0	100.0%	P是≤60%	P是>60%	接受备择假设	0.000

进一步地，我们对上述数据结果进行了期望为 0.6 的二项分布检验，结果如表 2 所示：所有分组以及样本总体的分布均呈现了极低的显著性水平。这表明在统计学意义上，我们完全有把握（犯错概率低于千分之一 [8]）认为，日本学生作文的语篇存在明确中心句的比例大于 60%，

并且日本学生作文的语篇有中心且只有一个中心的比例大于 60%。这一数据结果充分证明了假设 1a 和假设 1b。

3.3 中心句位置分布状况

直线型语篇模式的第二个突出特点是篇章中心的前置偏好,主要体现在中心句所处的位置。针对本研究的样本,我们依然以分数为依据将样本分为三组进行比较。

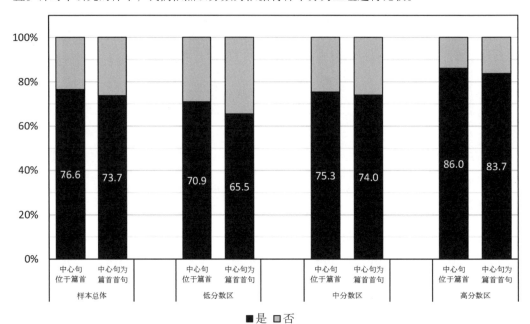

图 6　日本学生汉语 L2 作文的中心句的位置分布状况

如图 6 所示,在 175 个语料样本中,中心句位于篇首的比例从低分组到高分组依次为 70.9%、75.3% 和 86.0%,呈逐渐上升的态势,并且各个组的样本的比例均高于 60%;中心句为篇首首句的比例从低分组到高分组依次为 65.5%、74.0% 和 83.7%,也是随着分数的提高而上升。同样是各个组的样本的比例均高于 60%。这些数据结果说明在本研究的样本中,中心前置的比例随着分数的增加而提高。

表3　日本学生汉语L2作文的中心句位置分布状况的二项检验

	检验项	观测值			假设		检验结果	显著性
		是	否	P是	原假设	备择假设		sig.
样本总体	中心句位于篇首	134	41	76.6%	P是≤60%	P是>60%	接受备择假设	0.000
	中心句为篇首首句	129	46	73.7%	P是≤60%	P是>60%	接受备择假设	0.000
低分数组	中心句位于篇首	39	16	70.9%	P是≤60%	P是>60%	保留原假设	0.063
	中心句为篇首首句	36	19	65.5%	P是≤60%	P是>60%	保留原假设	0.247
中分数组	中心句位于篇首	58	19	75.3%	P是≤60%	P是>60%	接受备择假设	0.003
	中心句为篇首首句	57	20	74.0%	P是≤60%	P是>60%	接受备择假设	0.007
高分数组	中心句位于篇首	37	6	86.0%	P是≤60%	P是>60%	接受备择假设	0.000
	中心句为篇首首句	36	7	83.7%	P是≤60%	P是>60%	接受备择假设	0.001

进一步地，我们对上述数据结果进行了期望为0.6的二项分布检验，结果如表3所示。中分数组、高分数组以及样本总体的中心前置情况呈现了极低的显著性水平。这表明在统计学意义上，我们完全有把握（犯错概率低于千分之一）认为，在书面语篇表达达到一定水平时，日本学生作文的语篇中心句位于篇首的比例大于60%，并且日本学生作文的中心句于语篇首句的比例也大于60%。这一数据结果充分证明了假设2。

数据明显说明，语言（书面语篇表达）水平对中心句位置的影响要超过母语文化思维模式。如果上述L2作文语料的语篇模式主要由日本学生母语文化思维模式决定，则无论分数高低，其语篇模式均不可能呈现中心句前置的偏好。根据笔者的教学经验，现有结果的原因很可能与学习者所接受的L2写作训练有关：接受的二语写作训练时间越长，书面语篇表达水平越高，则中心句前置偏好的倾向性就越明显。这一点也与本文的数据相吻合。

3.4 结构关系的呈现状况

结构关系指中心思想与结构要素之间的逻辑关系。语篇的结构关系与句群类似（吴为章、田小琳2000），常用的关系类型有：解证、并列、连贯、递进、总分、因果、转折等。在本文语料中出现的多为解证关系和因果关系：①解证关系：通常中心句出现在篇首，诸结构要素来解释证明中心思想（中心句）。②因果关系：通常中心句出现在篇末，诸要素为原因，中心句为结果，二者为因果关系。数据分析参见下图7：

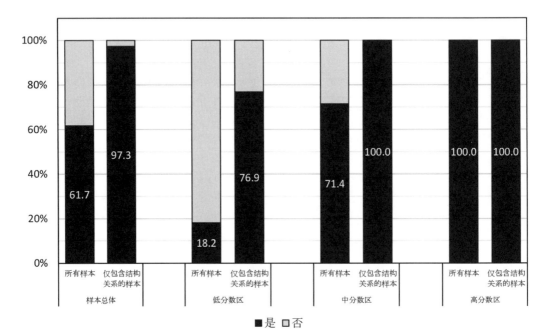

图 7　日本学生汉语 L2 作文解证关系分布图

如图 7 所示，就所有样本而言，从低分组到高分组使用了解证关系的比例依次为 18.2%、71.4% 和 100%，这似乎只能说明中分数组和高分数组存在解证关系偏好，低分数组并无此偏好。但是如果我们将样本限定为使用了结构关系的语篇时，解证关系的运用比例则大大提升，从低分组到高分组的使用比例依次为 76.9%、100% 和 100%。另外值得注意的是，高分组样本 100% 具有结构关系并 100% 使用解证关系，也就是说，对于高分组样本而言，一旦出现结构关系，必然包含解证关系。

进一步地，我们对上述数据结果进行了期望为 0.6 的二项分布检验，结果如表 4 所示：

表 4　日本学生汉语 L2 作文解证关系运用的二项检验

检验项		观测值			假设		检验结果	显著性[9]
		是	否	P是	原假设	备择假设		sig.
样本总体	使用解证关系（所有样本）	108	67	61.7%	P是≤60%	P是>60%	保留原假设	0.352
	使用解证关系（使用结构关系的样本）	108	3	97.3%	P是≤60%	P是>60%	接受备择假设	0.000
低分数组	使用解证关系（所有样本）	10	45	18.2%	P是≤60%	P是>60%	保留原假设	1.000
	使用解证关系（使用结构关系的样本）	10	3	76.9%	P是≤60%	P是>60%	保留原假设	0.169

中分数组	使用解证关系（所有样本）	55	22	71.4%	P$_是$≤60%	P$_是$>60%	接受备择假设	0.025
	使用解证关系（使用结构关系的样本）	55	0	100.0%	P$_是$≤60%	P$_是$>60%	接受备择假设	0.000
高分数组	使用解证关系（所有样本）	43	0	100.0%	P$_是$≤60%	P$_是$>60%	接受备择假设	0.000
	使用解证关系（使用结构关系的样本）	43	0	100.0%	P$_是$≤60%	P$_是$>60%	接受备择假设	0.000

高分数组的解证关系偏好呈现了极低的显著性水平，这表明在统计学意义上，我们完全有把握认为，当书面语篇表达能力达到相对较高水平时，日本学生作文的结构关系使用解证关系的比例大于60%；在使用了结构关系的案例中，所有分组以及样本总体的解证关系偏好呈现了极低的显著性水平。这表明我们有把握认为日本学生作文如果使用了结构关系，则出现解证关系的比例大于60%。上述数据结果充分证明了假设3。

低分数组语料中解证关系的比例较低的主要原因是很多样本限于水平并未形成结构关系，但在已形成结构关系的语料中解证关系高达76.9%。结合中高分数组解证关系偏好均为100%的数据来看，更可说明日本学生L2作文的语篇模式并未受到母语文化思维模式的影响，而很可能与汉语L2的写作训练有关。

四. 结语

本文的最终结论是日本学生汉语中介语语篇呈现明确的直线型结构特征：

（1）中心思想：87.4%的语篇样本有明确的中心句，高达97.1%的语篇样本有且只有一个中心，这说明日语母语者在语篇模式上中心明确、开门见山且多为单中心。（2）中心句位置：76.6%的中心句位于篇首，甚至有73.7%的中心句为语篇首句。（3）结构关系：61.7%的样本的结构关系为解证关系，说明大多数日本学生的逻辑清晰，采用先观点后要素的解证关系。

上述结论表明：Kaplan（1966）的观点是值得商榷的，尽管通常认为日本的文化思维模式较为含蓄委婉，但从日本学生汉语L2作文语料来看：日本学生汉语中介语语篇的观点明确且单一；论述讲求逻辑性；且具有直线型的结构特征。

附注

[1] 此外，闪语常出现复杂的平行结构；拉丁语系呈实"之"字结构；俄语呈虚"之"字结构。
[2] 也有学者将"起承转合"称为"起承转结"。
[3] 这一点是徐起赳教授对笔者特别强调的，因此本文在"直线型"结构的概念上完全采用Kaplan（1966）的观点。
[4] 这一结构也被后续研究者命名为"演绎型"结构（杨玲，2007；齐放、张军，2015等），Kaplan对该结构的界定也的确符合逻辑学与写作学中对演绎型结构的概念界定。

[5] 娄开阳（2016）指出：中心思想指全文要叙述、论证或说明的核心思想，体现中心思想的是中心句，又称主题句或主旨句。结构要素是指围绕全文中心思想所展开的支撑结构的诸多要素，不同的语篇题目会有不同的结构要素。结构关系指中心思想与结构要素之间的关系，常用的结构关系有解证、并列、递进、总分、因果等。

[6] 具体标注流程如下：（1）语料进行参数分析，得出标注参数，确定标注方式；（2）对少部分语料进行试标注，完善标注体系；（3）全部语料展开标注；（4）语料标注校对（2-3遍）。

[7] 有些低水平语料尚未形成结构关系。

[8] 实际上，显著性 sig. 一列从上往下的值依次是（保留七位小数）：0.0000000，0.0000000，0.0000000，0.0001432，0.0000000，0.0000110，0.0000000，0.0000000

[9] 实际上，显著性 sig. 一列从上往下的值依次是（保留七位小数）：0.3515270，0.0000000，1.0000000，0.1685797，0.0250365，0.0000000，0.0000000，0.0000000

参考文献

COE. R. M、胡曙中 1989　英汉对比修辞研究初探［J］.外国语（2）
丁言仁、胡瑞云 1997　谈对比修辞理论对英语写作的作用［J］.山东外语教学（2）
方丽青 2006　ESL 学生 L1 和 L2 记叙文修辞特征对比研究［J］.外语与外语教学（6）
胡曙中 1992　英汉修辞比较研究［M］.上海：上海外语教育出版社
李宇明 2018　语言学习与教育［M］.武汉：华中师范大学出版社
厉凌华 2013　国内外对比修辞研究发展综述及启示［J］.湖北经济学院学报（人社版）（3）
梁启超 1925/2018　中学以上作文教学法［M］.北京：首都经济贸易大学出版社
林大津 1994　国外英汉对比修辞研究及其启示［J］.外语教学与研究（3）
刘金明 2006　国外对比修辞学的发展与研究新方向［J］.四川外语学院学报（5）
刘立新 2014　对比修辞视阈下汉语篇章模式研究［J］.当代外语研究（4）
娄开阳 2008　现代汉语新闻语篇的结构研究［M］.北京：世界图书出版公司
娄开阳 2016　汉语书面语篇结构特征分析的支撑点与维度［A］.《第三届汉语中介语语料库建设与应用国际学术讨论会论文集》，北京：世界图书出版公司
娄开阳 2018　现代汉语中介语语篇结构特征研究［M］.北京：中央民族大学出版社
马广惠 2003　国外对比修辞研究 36 年评述［J］.山东外语教学（3）
穆从军 2007　对比修辞研究发展四十年综述［J］.修辞学习（5）
齐放、张军 2015　对比修辞学视角下的二语写作语篇组织实证研究 40 年［J］.中国外语（6）
齐放、张军 2018　从对比修辞到跨文化修辞——对 Ulla Connor 跨文化对比修辞语篇教学与研究的评述和建构［J］.中国外语教育（1）
吴为章、田小琳 2000　汉语句群［M］.北京：商务印书馆
吴应天 1989　文章结构学［M］.北京：中国人民大学出版社，125-128.
杨　玲 2002　对比修辞学：历史与研究趋势［J］.解放军外国语学院学报（1）
杨　玲 2007　英汉篇章结构直线型/螺旋型批评［J］.安徽大学学报（哲社版）（1）
杨玲、柯扬茜 2004　英汉篇章修辞对比研究中的方法问题［J］.安徽农业大学学报（4）

方懋、高鹏飛 2004　中国人と日本人における言語表現の違い、新潟産業大学人文学部紀要（16）、151-161
藤田昌志 2010　日本語を母語とする中国語学習者の誤用について、三重大学国際交流センター紀要（5）、49-63

大井恭子 2002　思考力育成のための作文教育：外国語としての英語教育からの知見、千葉大学教育学部研究紀要（50）、245-260

大石晴美 1992　日本人学生の英作文における文章パターンと思考過程および英語教授法への応用、東海学園大学紀要（27）、63-72

竹中佐英子 2007　日本中小学国語写作教学法分析、目白大学文学・言語学研究(3)、13-24

周国龍 2016　結果可能に関する日中対照、鈴鹿大学紀要（22）、15-25

Connor, U. 1996. *Contrastive Rhetoric: Cross-cultural aspects of second-language writing* [M]. Cambridge University Press / Shanghai Foreign Language Education Press, 2001.

Hinds, J. 1983. Contrastive Rhetoric: Japanese and English [J]. Text 2: 183-195.

Hinds, J. 1984. Retention of information using a Japanese style of presentation [J]. *Studies in Language* 8:1, 45–69.

Hinds, J. 1990. Inductive, Deductive, Quasi-Inductive: Expository Writing in Japanese, Korean, Chinese, and Thai [A]. In *Coherence in Writing: Research and Pedagogical Perspectives* [C]. Edited by U. Connor and A. M. Johns Alexandria, VA: TESOL, 7-110.

Kaplan, R. B. 1966. Cultural thought patterns in inter-cultural education [J]. Language Learning(16): 1-20.

Kaplan, R. B. 1988. Contrastive rhetoric and second language learning Notes toward a theory of contrastive rhetoric [A]. In Purves, A. C. (ed.), *Writing across Languages and Cultures*: Issues in Contrastive Analysis [C]. Newbury Park: Sage Publications, 275-304.

Kaplan, R. B. 1997. Contrastive rhetoric [A]. In Miller, T. (ed.) *Functional Approaches to Written Text: Classroom Applications* [C]. Washington, D. C.: English Language Programs United States Information Agency, 18-32.

Kaplan, R. B. 2000. Contrastive rhetoric and discourse analysis: Who writes what to whom? When? In what circumstances? [A]. In Sarangi, S. & Coulthard, M.(eds.), *Discourse and Social Life* [C]. New York: Longman, 82-101.

Matalene, C. 1985. Contrastive Rhetoric: An American Writing Teacher in China [J]. College English 47(8), 798-808.

Mckay, S. L. 1993. Examining L2 Composition Ideology: A Look at Literacy [J]. Journal of Second Language Writing 2.1, 65-81.

Mohan, B. A. & Lo, W. A. 1985. Academic Writing and Chinese Students: Transfer and Developmental Factors [J]. TESOL Quaterly, 19, 515-534.

附注

本文为中国国家社科基金项目"现代汉语新闻语篇复杂结构研究"（项目批准号：18BYY184）的阶段性成果。

谢辞

在本文的写作过程中得到了徐赳赳老师、齐放老师、秦广强老师、葛婧老师、王金博老师和马林刚同学的帮助，在此谨致谢忱。文中谬误，概由作者本人负责。2020年是笔者的博士答辩主席、国际著名语言学家陈章太先生90华诞，仅以拙文为恩师贺寿！

旧承德府辖境地名"杖子"探源

中国教育出版传媒集团有限公司　李云龙

一

清康熙四十二年（1703 年），热河西岸肇建避暑山庄，此后开发程度与规模不断增大，至乾隆四十三年（1778 年），遂置承德府，治今河北承德。乾隆间又置热河副都统，嘉庆十五年（1810 年）改都统，1914 年改置特别区，辖境东至今辽宁松岭山东麓、阜新市及内蒙古开鲁一带，西抵今内蒙古大兴安岭南段，南起今河北古北口、五指山、喜峰口和都山，北包今内蒙古克什克腾旗、巴林左旗、巴林右旗和扎鲁特旗。1928 年改区设热河省，1955 年复撤，辖地分别并入河北、辽宁、内蒙古。

旧承德府辖境内，作为地名的"杖子"大量存在。河北省承德市内，宽城县有王杖子、沈杖子、北大杖子、唐杖子、张杖子，平泉县有老杖子、倪杖子、金杖子、郭杖子，兴隆县有田杖子、宋杖子。辽宁省葫芦岛市建昌县有王杖子，朝阳市凌源有白杖子、朝阳县有朱家杖子。内蒙古赤峰市内，宁城县有岳家杖子、高家杖子，元宝山区有马家杖子。辖境之外也有使用，如河北唐山市迁安有康杖子，秦皇岛市青龙县有孙杖子、刘杖子。

这些地名中的"杖子"，近年来受到了学界关注。张智慧、柴世森（1999：120）认为，清代承德逐渐发展成为第二个政治中心，招募大量逃荒出口的汉人垦殖，形成大批村落，"杖子"反映出逃荒出口的内地居民刚刚落足时的悲苦境遇。张颖（2008：179）的观点与此近似，认为"'杖子'，系用木头或树枝围起的院落"。何占涛（2011：119）以辽宁朝阳的"唐杖子、韩杖子、金杖子"等为例，认为"杖子"体现了移民之初百姓以木杖子围园生活的情景。对"杖子"意义的解读，在与旧承德府有关的历史文献中，仅民国年间所修《朝阳县志》[1] 有零星记述。该志卷二十六《种族》："汉族初来，不住高岗，便住山僻以耕，为居无复远虑，以故三五零居，无大村落，故村有孤家子、两家子、三家子、四家子、五六七八九十家子等名。室家初创，营力简单，仅求容身，奚能完备。始则以石筑屋，继则以篱为垣，故村又有杨家杖子（俗谓篱为杖子）、石家杖子、韩家杖子、马架子（俗谓屋之矮而不完者为马架子）、北窝铺（俗谓新立门户为窝铺）、新窝铺诸号即此二事，既可想见其初创。"《朝阳县志》认为，移民朝阳的汉族人村居简陋，往往以篱笆作院墙之用，村落便因这样的篱笆而得名。当地称篱笆为杖子，所以地名中的杖子为篱笆之义。旧承德府内的很多地方，的确称篱笆为 [tṣaŋ⁵¹ tsɿ⁰]。如果把观察的范围拓宽，会发现山东、东北一带都有这个说法。《哈尔滨方言词典》："【板障子】用木板或木条夹成的障子。"（尹世超，1997：268）《牟平方言词典》："【园障子】菜园周围用树枝扎起来

的栅栏。"（罗福腾，1997：274）

哈尔滨、牟平方言中解作"栅栏"的［tʂaŋ⁵¹ tsʅ⁰］都写做"障子"，是顾及语源的写法，宋人杨万里《经和宁门外卖花市见菊》"菊花障子更玲珑，生采翡翠铺屏风"、《红楼梦》"若不进花障子，再往西南上去，可够他绕会子好的了"，都写做"障子"。同治《迁安县志》录有边外村庄，凡涉［tʂaŋ⁵¹ tsʅ⁰］者，都写作"障子"，譬如湾障子、松树障子、烧锅障子、头道障子、二道障子。像《朝阳县志》一样把［tʂaŋ⁵¹ tsʅ⁰］写做"杖子"，后来也有出现，如《高玉宝》第十三章"她听到王大棒子在大门外的叫骂声，急中生智，就奔到后院的木板杖子前，噔噔两脚把板杖子踹了个大口子，回身背起玉宝就钻出了杖子"。严格看来，［tʂaŋ⁵¹ tsʅ⁰］是用树枝、芦苇、秫秸等编成的或利用成行的树木做成的屏障，并不限于木制棍棒，［tʂaŋ⁵¹ tsʅ⁰］写做"障子"更合适。

结合人口移动、居住环境、生活设施、语言背景来探究"杖子"的意义、来源，是《朝阳县志》在研究方法上提供的启示。不过，这个解释仍旧留下了一些疑惑：

第一，继之石屋而围挡起来的杖子，在村落的营建进程上，一般不会早于马架子、窝铺、家子，同时，与房屋这样更能满足移民基本谋生需求的主要建筑相比，杖子处于相对的附属位置，在命名的选择上出现人们偏爱杖子而冷落马架子、窝铺、家子的情况，不易解释。逃离故土而到异地就食谋生，在到达一个荒僻得甚至没有名字的山野，所居户数终究不会太多，且屋室院落营建都须从头开始，那么在村落的命名上，以营建居前的房屋来命名的"×马架子"、"×窝铺"在数量上理应比以营建居后的附属院落设施命名的"×杖子"为多。不过，以凌源县为例，据其民国十二年的统计，在所列16区187牌中，以"杖子"为名的有辛杖子、申杖子、毛杖子、安杖子、东杖子、魏杖子、周杖子、化杖子、贾杖子、杨杖子、刘杖子、老杖子、荀杖子、宋杖子、西冯杖子、于杖子、郭杖子、喇嘛杖子、蔡杖子、修杖子、康杖子、东冯杖子、肖杖子、牌头杖子24处村落，而以"马架子"为名的仅只马架子1处，以"窝铺"为名者无。旧承德府最早志书为清雍正十二年（公元1734年）八沟厅理事同知张镠所纂《八沟厅备志》，志中所录里墟以"嶂子"为名者有老嶂子、佟家嶂子、马家嶂子、倪家嶂子、金家嶂子、郭家嶂子、阎家嶂子、满家嶂子、纪家嶂子、郑家嶂子、于家嶂子、朴家嶂子12处村落，以"马架子"、"窝铺"为名者无。

第二，与杖子一样处于村落营建附属地位但被做为地名的设施还有碾子、圈子、井、炕（写做"坑"）、园，如果将地名中"杖子"的本义解做"栅栏"，那么杖子与处于同一层次的上述其他设施在地名中的使用频率，极不一致。乾隆《钦定热河志》载，承德府境有三铺坑、马圈子、桃园、桑园、两铺坑。《八沟厅备志》载，八沟厅境有七步坑、大碾子、三眼井、新井子、头道井、二道井。这些以附属设施命名的村落，为数不多，几已遍举。

第三，《凌源县志》所载民国十九年《凌源县图》中有"喇嘛杖子"、"烧锅杖子"二地，它们虽也以"杖子"命名，但应不属人家三五零居的偏僻之地。有清一代，不论是在清廷还是在蒙人占据强势地位的旧承德府，喇嘛教与喇嘛都具有很高地位，喇嘛庙所处之地，其人口、经济、村落建设等都雄踞地方之首。就烧锅杖子而言，《朝阳县志》认为，"直鲁人之北来者，皆事耕种，不谙经营。朝境之初有商业，自晋人始。晋人悉知蒙族无贵贱，皆嗜酒。边塞所产高粱莜麦，价廉且多，俗传先有三泰号晋人烧锅，后有喇嘛庙"，烧锅是一种酒，造酒卖酒是为经商，经商之地当然首选有一定人口、经济规模的所在。照此看来，若说喇嘛杖子、烧锅杖子的"杖子"也是不住高岗便居山僻、三五零居无大村落的移民用以围挡的栅栏义，并不合适。《钦定热河志》多处著录的"喇嘛庙"、"喇嘛城"、"喇嘛寺"、"旧烧锅"等地名，都说明喇嘛寺庙、烧锅酒厂本身就是村落命名的首选字眼，而不必求诸解做"栅栏"的"杖子"。同治《迁安县志》附口外与承德府相接地，其董家口外村庄有部分属今宽城县板城镇，著录的村庄"上板城""下板城"今仍其名，但今日的"上板城""下板城"之间有"王杖子""沈杖子"，同治时"上板城""下板城"已经成为村落，而"王杖子""沈杖子"又位于连接"上板城""下板城"的大路上，若说同治后的移民在这里落脚也属"不住高岗便居山僻"并因用以围挡的栅栏而命村庄名以"杖子"则难于理解，那时大路上的这两个地方应该是宜居之地。与承德府毗邻的口内之地，其开发较前者更早且更为成熟，汉族已非"初来"，按理不会使用反映"为居无复远虑""营力简单"的"杖子"命名，可在民国《迁安县志》中却也出现了"潘杖子""邱丈子"等村名，而在同治《迁安县志》中还不见这些村落。

第四，清代东北移民不输于旧承德府，但是以杖子命名所居村落在旧承德府以外的今东三省其他地方却远没有旧承德府这样普遍。移民到东北这样地旷人稀的地方就食谋生，其所处山野未必好过旧承德府，也都须经历开荒辟地、营造屋室、凿井盘垣、植树艺禾的过程，加之移民主体接近，因此在村落的命名上不会有何不同于旧承德府的机制。以与旧承德府东境远端辽宁朝阳为邻的锦州为例，今天以"马架子"、"窝铺"合计有200余例，而以"杖子"为名者全市仅马家杖子1例，使用数量与旧承德府存有较大差距，即便这仅有1例，因为地域邻接的关系，还不能排除是受到旧承德府移民的影响。

第五，察看与旧承德府有关的历史文献，可以注意到，民国以降写做"杖子"的村落名称，在更早时候并不是这样的写法，只依据后出的"杖子"而去探究早前的意义，其论证不免使人怀疑。上引民国《朝阳县志》已经注意到了这一点，在著录带有"杖子"的村落时，仍附录了《承德府志》中与朝阳县有关的道里村庄"贾家嶂子"、"宁家嶂子"。在道光九年海忠所纂《承德府志》中，像"贾家嶂子"那样把"杖子"写作"嶂子"的地名不止一处，约有二十九地；《承德府志》实承《钦定热河志》而来，查检后者，"杖子"早就写作"嶂子"。此外，乾隆三十八年哈达清格所纂《塔子沟纪略》卷二《疆域》著录了宋家嶂子、喇嘛嶂子、贾家嶂子、宁家嶂子。而如上述，旧承德府最早志书《八沟厅备志》已开其端。如果本区地名中"杖子"用的是"栅栏"这一意义，那么《八沟厅备志》中不应使用"嶂子"这一词形，时人并非不知"栅栏"意义及其写法，乾隆御制诗《山店》"挈豚处处牢堆石，防虎家家栅树荆"、《即事》"诘曲篱边闻犬吠，高低树里起炊烟"说明，当时确用栅栏围护房院。

"杖子"除写做"嶂子"外，还有其他写法。光绪三年刻本《抚宁县志》卷八《户口》，著录为"帐子"，如"铁家帐子"、"朱家帐子"、"城根马家帐子"、"陆家帐子"、"扎兰帐子"、"杨家帐子"、"罗家帐子"、"于家帐子"、"樊家帐子"、"周家帐子"。而民国年间所纂《迁安县志》

卷首图中，村落名称中则"杖子"、"丈子"并存，多作"丈子"，如"汤杖子"、"胡丈子"、"韩丈子"、"康丈子"。

单就最早出现的"嶂子"而言，很难说作为村落名称的［tʂaŋ⁵¹ tsɿ⁰］同"嶂子"的本义直接相关。首先，本地方言土语中，除了这些有待考证的地名之外，"嶂"字从不出现，而用在村落名称中的其他指称、描写自然环境、地理风貌的词语却在多种场合常用，譬如"榆树林"的"树林"、"小蒜沟"的"沟"、"香炉山"的"山"、"红山嘴"的"山嘴"、"松树台"的"台"、"黑山口"的"山口"、"冷岭"的"岭"。其次，"嶂子"从字面上来看，指的是耸立如屏障的山峰，吕向注《文选》说"山横曰嶂"。旧承德府所辖之地，确也四处皆山。不过，结合具体带有"嶂子"的村落而言，却很难说这些村落与耸立如屏障的山峰有什么关系，很多村落虽为山村，但却多近交通便捷、地面平阔之处，即便背后有山，也多是一些不甚高险的小山包。而坐落险峻、紧邻如屏高山的村落，更应有使用"嶂子"命名的理由，可是恰好相反，它们却没有使用"嶂子"，反倒多用"岭"、"峪"、"梁"等字眼。再次，村落名称中，与"嶂子"搭配的字眼儿除"新"、"老"、"南"、"北"、"松树"、"东河"等少数词语之外，绝大多数都是表示人们姓氏的"刘家"、"郭家"、"张家"、"王家"等。检索文献中著录的同一时代的地名可以发现，在地名中使用姓氏比较普遍，这些地名多在姓氏后附以"营"（譬如"周家营"）、"屯"（譬如"沈家屯"）、"铺"（譬如"王家铺"）、"店"（譬如"苏家店"）、"厂"（譬如"吴家厂"），姓氏后使用自然风物的仅只"沟"一例，且只有"陈家沟"、"潘家沟"、"李家沟"、"庞家沟"四地。"嶂子"与"沟"有一定程度的相似之处，但像"沟"这样能够涵盖较广地域的自然风物，一旦冠以某个姓氏，便囊括了"沟"内的所有地方，所以"沟"在后代几乎不再和姓氏组合来命名村落，可是"嶂子"却体现出顽强的生命力，它和姓氏组合命名村落的数量大幅增多，二者又体现出了很大不同。这样看来，姓氏与"嶂子"组合的使用有些超出常规。

旧承德府有关历史文献中记录［tʂaŋ⁵¹ tsɿ⁰］的"杖子"、"障子"、"丈子"、"帐子"、"嶂子"，因为不能解释上述一些疑惑，所以对于它的语源仍旧需要探讨。这些不同字形、共指村落名称的写法，只是记音用字而已。为了行文方便，下面仍以"杖子"为代表写法进行论述。

二

在我国北方村落名中，多见"×各庄"（"各"还写作"戈"、"格"、"葛"）、"×家庄"。以"姓氏＋各（家）＋庄"为村落命名的方式，主要集中在东北地区的黑龙江省、吉林省和辽宁省，华北地区的内蒙古自治区、山西省、河北省、北京市和天津市，以及与华北地区接壤的华东地区、华中地区的山东省、江苏省、安徽省和河南省，其中以河北、京津和山东最为集中。

如下文所述，旧承德府汉族人口几乎全部来自于河北、山东、山西等地的移民。大量的外来移民带来了与移出地相同的村落命名方式，在地名中缀以"村、营、铺、店、屯、厂"等具有文化或文明色彩的词语及"沟"等与自然环境有关的词语在本地常见，乾隆《钦定热河志》中出现了大量"×家营"（如"张家营"）、"×家村"（如"沈家村"）、"×家屯"（如"刘家屯"）、

"×家铺"(如"王家铺")、"×家店"(如"苏家店")、"×家厂"(如"吴家厂")和"×家沟"(如"李家沟")地名。然而,在地名中缀以具有文化或文明色彩的"庄"字的、使用最为广泛的"×家庄"或"×各庄"在《钦定热河志》中却不见一例。可在与旧承德府平泉州紧邻的永平府迁安县,其同治《迁安县志》所录村庄也是多以"×各庄"、"×家庄"为名。若将条件放宽为带有"庄"字的村落名,遍检著录当时本区村落名最全的《钦定热河志》,也只发现"八里庄"、"四泉庄"、"太平庄"、"兴隆庄"、"新庄儿"5例,可见用例极少。若以"×家"为分布条件,则上文所述的"×家杖子"为数众多,它在本区所有地名中的位置与其他地区"×各庄"、"×家庄"所处位置正好相当。由此可以推断,承德府村落中的"杖子"应是北方地区常见的"庄子","杖"即是"庄"。

这个推断可以得到一些文献的支持。在与旧承德府相毗的迁西,有"潘杖子"一地,此地于民国《迁安县志》中著录而不见于同治《迁安县志》,不过同治《迁安县志》《口内南境之中图》中同一地点标示的是"潘家庄";另一今属迁安的"王家杖子",在同治《迁安县志》《口内南境之中图》中标为"王家庄"。"庄"也有写为"帐"的情形。清时遵化州与承德府紧邻,乾隆二十一年《直隶遵化州志》卷二《方舆》载半壁山巡检分管村庄,著录有"靳家庄、阎家庄、霍家庄",至光绪《遵化通志》卷十一《舆图》载,上述地名变成了"靳家帐、阎家帐、霍家帐",此外还多了"赵家帐、王家帐、蔡家帐"等一些新的地名。从记载同地的异形名称来看,"杖"即是"庄"。

"庄"字,《广韵》侧羊切,宕摄开口三等平声阳韵庄母。而"嶂、障",《广韵》之亮切,宕摄开口三等上声养韵章母;"杖、丈",《广韵》直两切,宕摄开口三等上声养韵澄母;"帐"字,《广韵》知亮切,宕摄开口三等去声漾韵知母。"庄"与"嶂"、"杖"等字,古不同音。但今天的共同语中,"嶂"、"杖"等字同音,而"庄"读合口平声,"嶂"、"杖"字等读开口去声。如果"杖"即为"庄",意味着"庄"字在本区方言中保留了中古的开口读法、声调读作 51 的高降调。

在本区方言中,像"庄"这样"庄"组、知二宕江摄字保留开口读法的还有数例。列举如下:

"撞",《广韵》直绛切,属江摄开口二等去声绛韵澄母,又《广韵》宅江切,属江摄开口二等平声江韵澄母。"撞"有"栽、跌"的意思,在本区方言中多用,比如"别在墙头上乱跑,小心撞下来"。"撞"指"栽、跌",古已有之,如《水浒传》九二回"(张翔中箭)头盔倒挂,两脚蹬空,扑通的撞下马来"。"撞"读[tʂaŋ⁵⁵]。

"壮",《广韵》侧亮切,宕摄开口三等去声漾韵庄母。"壮"在本区可指动植物肥壮、粗壮,2000年以前,每到夏秋之交,本地农民即有组织地上山砍伐青柴,名之曰"割青壮子",意思是采伐正生长着的、有青枝绿叶的粗壮柴火。"壮"读[tʂaŋ⁵¹]。"壮"又有"壮大,加强"义,可组成合成词"壮胆","壮胆"之"壮",在本区有两读,一是[tʂuaŋ⁵¹],一是[tʂaŋ⁵¹],后者为"壮"开口呼读法的遗留。元明时文献基本写作"壮胆",《水浒传》八三回"我这里先差几将拦截厮杀,杀的散时,免令城中得他壮胆",《三刻拍案惊奇》十七回"鲍雷见众了,便又取酒来,叫道:'壮一壮胆,吃了起身!'"《西游记》里只"你看他存心来古洞,仗胆入深门。毕竟不知见那个老魔头有甚吉凶,且听下回分解"1例,清以后北方的白话小说里渐多,如《儿女英雄传》四十回"倘或道儿上有个什么事儿,到底有个仗胆儿的,也叫你干老儿放点儿心",清《施公案》四二四回"伯父已到了,小侄可以仗胆了,不论他在那里不在那里,咱们且去寻他一寻","仗"取代"壮",一是前者合乎"壮"的开口读法,另一个是让人胆大的往往有自外来的凭借,人们容易从"仗胆"字面上实现流俗解释。

"爽",《广韵》疏两切,属宕摄开口三等上声养韵生母,王力拟音为[ʃiaŋ]。作"直爽,直截了当"义的词,本地有3个词,分别是"爽快"、"响[ɕiaŋ²¹⁴]快"和"□[kʻaŋ²¹⁴]快",三者完全等义。"爽快"的"爽"是与共同语一致的说法。"响[ɕiaŋ²¹⁴]快"之"响"和"□[kʻaŋ²¹⁴]快"之[kʻaŋ²¹⁴]都读开口,当源自《广韵》以来读开口呼的"爽"。从音理上看,《广韵》"爽"字的声母受介音影响,颚化为舌面擦音ɕ,即ʃi- > si- > ɕi-。胶东牟平方言中,庄组字的生母读s,是处于中间阶段的s读法。

"爽"字的声母也可以演变为ʂ,进而变为x,即ʃi- > ʂ- > x-。ʂ向x的演变,与它在tʂ、tʂʻ、ʂ这个聚合群中的地位相关,它们虽同属齿音,但前二者为塞擦音,在同是塞擦音之下再形成送气、不送气的唯一对立,而ʂ为擦音,缺少同一发音部位的擦音之下的唯一对立,因而易变,汉语方言中诸如f > x、ʂ > s、s > ʂ(如"珊",《广韵》苏干切)的演变同此。与"爽"可以类比的例子是"上"、"谁"和"啥"。"上",《广韵》时亮切,属宕摄开口三等去声漾韵禅母,这个字在河北、山东、山西的很多方言中有声母x的读法。河北怀来方言中,"上"构成方位短语或充当趋向补语时读[xəŋ](陈淑静,2002:111)。山东寿光方言中,"上"读轻声时读[xaŋ]。潍坊话里(钱曾怡、罗福腾,1992:85),作"晚饭"讲的"后上饭"中,"上"读轻声[xaŋ]。《儿女英雄传》十四回:"老爷不懂这句话,问:'怎么叫萨杭?'戴勤说:'拢住点儿,他们就叫煞上。'"这是安老爷在山东荏平遇到的当地人把"上"说成[xaŋ]的例子(江蓝生,2000:214)。侯精一、温端正(1993:12,13)介绍了山西太谷、孝义、文水、平遥等地"上"字变读的情况,作动词讲的"上"声母读s或ʂ,作方位词讲的"上"声母读x。"谁",《广韵》视佳切,属止摄合口三等平声脂韵禅母,在今天沧州献县、河间一带,读[xei]。"啥",章炳麟《新方言·释词》"今通言曰甚么,舍之切音也……俗亦作啥","啥"共同语读[ʂA³⁵],在哈尔滨方言中读[xA³⁵]。读[xaŋ]的"爽"再次发生音变,声母由同部位的擦音变为塞音,即成为"□[kʻaŋ²¹⁴]快"之[kʻaŋ²¹⁴]。舌根音的这种变化在承德本地方言中还有其他用例:作"树林"讲的"树行"(同治《迁安县志》卷七载有冷口外村庄"柳树行"[2],民国《莱阳县志》卷一之一《区制》泥牛镇有"柳行",今宽城有"杏行沟"),"行"读[kʻaŋ⁵¹];"合"《广韵》侯阁切,共同语读[xɤ³⁵],本地有一异读[kʻɤ³⁵],如"剩下的杏儿二十元合给我了",这里的"合"指的是"全部弄到一起卖"[3]。清初人樊腾凤所撰《五方元音》,记录了17世纪的北方官话(同时也留有方言痕迹),其中四羊火母"摃"为"杭"之上声,声母为x,《集韵》虎项切晓母("山东谓担荷曰摃,或作扛"),二者读音一致,但今天的共同语读[kʻaŋ³⁵]。再如"况、贶"为"荒"之去声,声母为x,二字《广韵》俱许访切晓母,二者读音一致,但今天的共同语读[kʻuaŋ⁵¹]。

由此可见，说 [kʻaŋ²¹⁴] 源于 "爽" 所演变的 [xaŋ] 符合北方话的一般发展规律。

"奘"，《广韵》有徂浪、徂朗两切，均为宕摄开口一等仄声从母字，其本义是 "驵大也"、"大也"，如《西游记》九五回 "（大圣）见那短棍儿一头奘，一头细，却似舂碓臼的杵头模样"，又引申为健壮，《方言》卷一 "秦晋之间，凡人之大谓之奘，或谓之壮"，但是辞书处理两个意义对应读音并不一致，《汉语大字典》都读 [tsaŋ⁵¹]，《汉语大词典》前义读 [tʂuaŋ²¹⁴]，后义读 [tsaŋ⁵¹]。结合两个意思在今天河北、山东、东北方言中使用的情况看，两个意义存在，但是都读 [tʂuaŋ²¹⁴]，不读 [tsaŋ⁵¹]。[tsaŋ⁵¹] 是按照同韵的其他字类推的结果，《五方元音》也只收了 [tʂuaŋ] 音，作 "庄" 的上声处理。其实《方言》卷一已说得明白，二者不过是一个词在不同方言系统中的反应，整个音节只是声调不同而已，直到《西游记》九五回 "（大圣）见那短棍儿一头奘，一头细，却似舂碓臼的杵头模样"，《儿女英雄传》七回 "末后大师傅翻箱倒笼，找出小拇指头儿壮的一支真金镯子来"，意思一样、写法个别。说 "奘" 的共同语读音 [tʂuaŋ²¹⁴] 来自《广韵》有徂浪、徂朗两切，还不如说来自于 "壮" 更合适，因为 "壮" 所在的小韵在共同语中衍生了合口介音，同时有利于解释其另一读音 [tsaŋ⁵¹] 的来源。

在今天河北、山东、东北方言中，有个表示 "说话粗鲁、态度生硬、脾气暴躁" 义的词 "奘"，比如 "他这个人儿脾气奘，不会拐弯儿，也不考虑人家能不能接受"。有些辞书将其写作 "戇"，读为 [tsaŋ⁵¹]。这个词就像《方言》说 "凡人之大谓之奘" 一样，"脾气大、暴躁，说话粗鲁" 谓之 "奘"，也算是一种隐喻，但读音却不一样了。从音理上看，说 "壮" 演变成了这里作 "脾气大、暴躁，说话粗鲁" 讲的 "奘" [tsaŋ⁵¹] 是可能的，"壮" 在《广韵》中属宕摄开口三等去声漾韵庄母，这个音韵地位的字其声母在方言中可以变成 ts，比如牟平方言中的 "疮" 字，《广韵》初良切，属宕摄开口三等平声阳韵初母，与 "壮" 字音韵地位同，但今读音为 [tsʻaŋ⁵¹]（罗福腾，1997：300）。由此可知，"脾气大、暴躁、说话粗鲁" 的 "奘" [tsaŋ⁵¹] 保留了中古开口的读法。

雍正《八沟厅备志·里墟》著录了当时的村落名称，其厅治西南境有 "转河町"，吴宝泉注曰："位于平泉县党坝镇山子后大庙村，康熙年间建有关帝庙一座，庙碑碑文记载为'庄河汀'，石碑今已不存。" "庄河汀" 在后来写作 "转河町"，这不意味着语音在短短几十年间发生了演变，而是暗示它们所记录的是同一个词。

"庄" 记为 "转"，首先说明声调上读为高降的 51 调。声调本为阴平，却读成了去声的高降调，这在承德本区方言中不少见。"知母" 是本地常见草药，共同语 "知" 阴平，该词中读去声；"水坑子" 之 "坑"，共同语阴平，该用法中读去声；"捏饺子" 之 "捏"，《广韵》入声，共同语阴平，该用法中读去声；"经故意儿"（民国《迁安县志》卷十九 "有心谓之经故意"）之 "经"，共同语阴平，该用法中读去声；"输液" 之 "输"，共同语阴平，该用法中读去声；"亲家母" 之 "亲"，共同语阴平，该用法中读去声 [tɕʻiəŋ⁵¹]；"车胎" 之 "胎"，共同语阴平，该用法中读去声 [tai⁵¹]；"医生" 之 "医"，共同语阴平，该词中读去声；"装修" 之 "修"，共同语阴平，该词中读去声；"给他个嘴巴子" 之 "巴"，共同语阴平，该用法中读去声；"冬青子"（植物冬青）之 "冬"，共同语阴平，该词中读去声。成书于 1936 年 11 月、日人川濑侍郎编著的《满州土语研究》(邹德文，2009：176)中，也列举了一部分共同语读阴平而东北话读去声的字，如"圈、撩、邋、禁"。实际上，在旧承德府移民来源地的有关方言中，阴平字读成高降调的不在少数：胶东牟平方言阴平单字读 51；北京斋堂阴平单字读 52，延庆阴平单字读 42；山西北区晋语中，应县、广灵阴平字读 53；山西中区晋语左权读 53。

"庄"记为"转"，也能与"庄"读 [tʂaŋ^{51}] 在韵母上获得统一的解释。"转"，《广韵》知恋切，山摄合口三等去声线韵知母，在今天的共同语中读 [tʂuan^{51}]，它和"庄"互为异文的一种条件是读开口、后鼻音韵尾。考察与其音韵地位接近的字，可以发现一些支持这种判断的例证。"川"，《广韵》昌缘切，山摄合口三等平声仙韵昌母，今天共同语中读 [tʂ´uan^{55}]，同治《迁安县志》卷七《村庄》"冷口外往东北之道"录有"车川沟"，该村距迁安县城百八十里，又有"车川沟岭"，该村距迁安县城百八十里，"车川沟"及其附近的"马圈子"、"湾障子"、"拉拉岭"如今尚在，不过"车川沟"名字已变成了"车场沟"，"川"读作 [tʂ´aŋ^{214}]。

清康熙十八年(1679 年)宋琬遗次《永平府志》卷二十四《杂志》中，提到了本区的"莊"字。"(永平)郡境边方营寨，称'谷'、称'莊'……若'莊'，无异音。六达路为'康庄'，亦'舍'也。从'土'，监本从'土'，误。南北音同，但书有作'庄'，或以为俗书，其实'庄'音'平'，而为别音别字矣。"宋琬，山东莱阳人，生于 1614 年，卒于 1674 年，顺治进士，曾任浙江按察使，因山东于七起义事下狱，释放后长期闲居，晚年又任四川按察使。宋琬论边方营寨"庄""南北音同"，显然不是指通行南北的"通语"，因为既是"通语"，"南北音同"则是不言自明的事实，不必言"南北"以强调。宋琬在此处谈论边方营寨的俗字俗音，既冠以"南北"，应是就南北方音而言，宋琬本人所熟悉的南北，南是他曾经做过官的浙江，北是其家乡山东特别是桑梓之地莱阳。浙江很多地方的话属于吴语，在吴方言代表性的读音苏州话中，"庄"字今天读 [tsɒŋ]，不带合口介音。清初莱阳话如何，笔者缺乏了解，不过，与宋琬同时代的、与莱阳紧挨着的掖县人毕拱辰所编的《韵略汇通》中，"庄"读开口呼(张玉来，1995：64)。地方俗音在工诗能词的宋琬那里不会弄错，这样看来，宋琬的记录反映了"庄"读 [tʂaŋ] 的情形。

三

旧承德府使用"杖子"来称说村落的人口，不会是早于清初生活在这块地域的人。旧承德府地，明初属北平行都司，但因永乐年间内撤，遂成为兀良哈朵颜、泰宁、福余三卫蒙古游牧之地，农耕活动很少，各地志书于此不乏记述。乾隆《塔子沟纪略·序》载，"惟是塔沟一厅……元则为游牧之地，耕种亦鲜。至于前明，自正统后，仅保古北口以内而已。总之，历朝虽或占据其地，不过数年，间随得随失，讵能设立舆籍以垂久远"，又《疆域》载"塔子沟境治，昔本蒙古藩封，征逐水草。康熙年间，始辟土地，树艺百谷"。光绪《抚宁县志》卷八《户口》载，"成祖弃大宁……厥后，迁民实内地，不闻并实口外"。民国《隆化县志》载，"隆化，昔近蒙古荒漠，少人烟，清初始渐开辟"。民国《朝阳县志》卷二十五《风土》载，"朝阳初有居户,不过蒙族巨室宝姓者数家,与其为奴者相聚而居,皆事牧羊,不事耕种"。明永乐至清初在旧承德府地生活的人口主要是蒙族人,蒙人征逐水草、所居不常,一般不会使用汉人特点明显的"×家杖子"为长住的村落命名,与此相对,在与蒙古紧密相接的承德滦平、丰宁、隆化、围场地,具有蒙古语言特色的少数地名如虎什哈、波罗诺、乌兰哈达、哈拉海则沿用至今。蒙元以降,本区曾有汉人活动,但随着洪武初年山后移民、永乐年间宽河卫等北平行都司五卫的内调,以及明末后金入侵所造成的民人死逃掳掠[4],旧承德府地几无从事农耕活动的汉人,如《朝阳县志》所言,"起明成祖之四次征伐,汉族绝迹于此者,几数百年"。

  清初,政府对本区实行禁垦政策,如顺治十二年(1655年)曾颁布禁令,"各边口内旷地听兵治田,不得往口外牧地"。康熙八年(1669年),政府禁止八旗圈地,"以古北口边外空地拨给耕种"。自此之后,汉人随之大量流入,《清圣祖实录》三十六年七月戊寅,康熙北巡经喀喇沁旗,曾经感叹"今巡行边外,见各处皆山东人,或行或商,或力田,数十万之多"。据《清高宗实录》十二年十二月己未载,至乾隆十二年(1747年),单八沟以北及塔子沟通判所辖一地已有汉人"二三十万之多"。

  流入本区的汉人,原籍多在直隶、山东、山西,各期文献多有述及。王先谦《东华录》载:"今河南、山东、直隶之民,往边外开垦者多。"《钦定热河志》卷三乾隆《览热河井邑之盛,知皇祖煦姁之深,即目九秋断章三首》"避赋避灾离里闬"自注,"热河本无土著,率山东、山西之民迁移来者,然总不出此二事";《野店》"野店居安忘寄寓"自注"塞外居民多齐晋各省流寓者";《山村即景》"多是晋齐流寓客,安居朔塞故乡同";《山居》"大都流寓内地民,山田无赋赖安身";《咏古二首》序"口外东自八沟,西至土城子一带,皆良田。直隶、山东无业贫民,出口垦种者不啻亿万,此汉唐宋明所无也",《咏古二首》"燕北齐东无业民,严关以外辟耕畇。晏眠妇子常欢聚,却是前朝戍守人",《口外》"不禁民迁听谋食"自注"口外隙地甚多,直隶、山东、山西人民出口耕种谋食者,岁以为常。方今中外一家,口外仍系内地,小民出入,原所不禁。一转移间,而旷土游民,兼得其利,实为从古所未有"。《塔子沟纪略》卷九载,"先是,山东种地人自伊本省携带蚕种出口,试养以后,人争效之。至今放蚕者众"。乾隆三十九年(1774年)《永平府志》卷二十四录靳荣藩《迁安口号》自注,"庚寅辛卯间,山东西、河南人出冷口喜峰等关垦地就食者颇多"。《承德府志》卷二十七,"热河本无土著,率山东山西迁移来者。口外隙地甚多,直隶、山东、山西人民出口耕种谋食者,岁以为常。今中外一家,口外仍系内地"。光绪《围场厅志》除相同文字记载外,卷六《田赋》"近而关内,远而山东之民,裸负子来,荷锸云屯"。民国《隆化县志》卷三载,隆化"居民十九由山东、山西、直省三省迁来"。民国《朝阳县志·序》,"宋元而后,蒙古割据,间有汉族,多自齐晋迁来"。《朝阳县志》卷二十五,"至乾隆初,复遣直鲁贫民于此,借地安民,民户始各构房屋以居,自为村落,亲友时相往来";《朝阳县志》卷二十六,"汉族占十分之七,蒙族占十分之三……若王姓、李姓、周姓、张姓、白姓、朱姓之蒙古,问其先,多山东人也","直鲁人之北来者,皆事耕种,不谙经营。朝境之初有商业,自晋人始"。乾隆《塔子沟纪略》卷十一《艺文》,"而哈拉哈地方有苟姐者,山东登州府海阳王国珍妹也,幼随父母出口耕种谋食"。

随着直隶、山东、山西人口大量进住本区，移民所讲方言也被一并带入。移民人口众多、居住集中，且本区几无土著人口，移民家乡的方言因此在承德府保留下来，这在早期志书中有所反映。民国《隆化县志》卷三载，隆化居民"礼俗言语、谋生之道，与口内大同小异"，"言语为京音。俗谚，则山东山西直隶奉天诸省所参杂。如：事物坏乱，谓治不的了；邋遢为墨台；闲谈为拉话"。经过300多年的发展，旧承德府方言在今天和北京话已非常接近，不过在一些词汇上仍可看出它们与直隶、山东、山西方言的联系。

光绪《畿辅通志》卷七十二列举了清直隶一带的方言，如"蝙蝠""今保定人谓之燕蝙蝠"，"今保定人俗皆呼物为东西"，"今保定人凡肉熟者曰烂熟，久而稠者皆曰酋"，"上音先，下音生，俗呼瞽者之能巫卜也"，"猪猪，上音客，下音娄，小猪也"，"哒，乱说也"，"嚛嚛，呼犬也"，"滴溜，圆也"，"多趔，多少时候也"，"向晦曰擦黑"，"夜曰黑家"，"昨日曰夜个"，"晓事曰再行"，"是人言曰可不"，"事坏曰丧"，"亵语曰撒村"，"除草曰薅"，"（牡牛）去势曰犍子"，"牡驴曰叫驴"，"牝驴曰草驴"，"这克怎著，无可如何之词"，"虐读作要""胞读作抛""客读作且""格隔读作洁""乐读作劳去声""更读作经""墨读作密""墨读作妹""箔读作镬"，今天承德宽城土语中，仍旧保留着和这些词语一样的词形、读音。查检李行健的《河北方言词汇编》，可以注意到承德与河北南部一些地方大量词形相同、相近的土语。

山东人口向关外迁移，来自胶东一带的不在少数。《清世宗实录》卷九三记载，顺治十二年（1655年）九月，辽阳知府张尚贤奏报，"辽东旧民，寄居登州海岛者众，臣示谕招徕，随有广鹿、长山等岛民丁家口七百余名，俱回金州卫原籍，但金州地荒人稀，倘准其任意开垦，则生聚渐多，亦可立县治，而诸岛皆闻风踵至矣"。乾隆七年毕懋第修《威海卫志》载，"威海与关东为一水之隔，顺风一昼夜即达其境，威邑地瘠民贫，十余年来，携眷就食者屈指知名不下百余家，而只身与疏远勿论也。夫关东号为盛京，因无行野采莆之虞，见今有恒产入辽，学者亦不乏人，顾安土重迁，人情类然"。移入本区的胶东地区人口也不在少数，《朝阳县志》载，"初来之汉族，多为鲁人，中以濒海各县之民居多数。"在当时地名上，也可以看出时人来自山东胶东地区，《八沟厅备志·里墟》中，有名为"文登营子"的村庄，《钦定热河志》卷五十著录有村庄"即墨沟"[5]。牟平位于胶东半岛东北端，紧邻海边，民国《牟平县志》列举了当时牟平一带的方言，如"小食曰镰，音敛"，"豆屑和杂菜煠（音插）之曰小豆腐，亦曰豆沫子，又曰粣（音渣）"，"大吃曰㕮，土音读曰歹"，"肥肉去油曰焰"，"额曰颜脸盖子"，"腕曰手脖"，"鼻嗅曰闻，俗曰听"，"沃水以舂曰舾（音乏）"，今天承德宽城土语中，仍旧保留着和这些词语一样的词形、读音。罗福腾《牟平方言词典》著录的牟平方言词语，在今天的承德宽城土语中亦多有发现，如"撦，撕"、"敨，用水冲洗"、"掐谷，收获"、"律粪，顺着犁出的土沟撒粪"、"蚂蚱儿菜，马齿苋"、"刀龙，螳螂"。以牟平方言来看，其古知组开口三等字、章组除止摄外的开口字和知章两组遇摄字，今读舌面音，如"招"读［tɕiɑo⁵¹］、"书"读［ɕy⁵¹］，这一读法在承德方言中也有体现，"主"读［tɕy⁵⁵］，如"左眼跳主财，右眼跳主灾"，"住"读［tɕy⁵⁵］，如"住家过日子"，"煮"读［tɕy⁵⁵］，如"把米煮一下"，"搋"读［tɕy⁵¹］，如"手冻搋搋了"，"属"读［ɕy²¹⁴］，"这人不属外"，"雉鸡翎"，"雉"读［tɕi⁵¹］，"长虫吮过那个叶子了"，"吮"

读[ɕyn⁵¹]。宫钦第（2008：58）注意到，胶东方言土语词汇中，宕江摄部分字有曾梗摄的白读音，曾梗摄部分字有宕江摄的白读音，这种情形也出现在宽城土语中，如"大娘"中"娘"读[niŋ³⁵]，"把树皮剥喽"中"剥"读[pʌ⁵⁵]，"别吓那孩子"中"吓"读[xʌ³⁵]，"搭个鸡栅"中"栅"读[tɕia⁵¹]，"敞开儿吃"中"敞"读[tʂʻəŋ²¹⁴]，"酒瓶子"中"瓶"读[pɑŋ⁵¹]，"坝冈子"中"冈"读[kəŋ²¹⁴]，"就盐酱吃馒头"中"酱"读[tɕiəŋ⁵¹][6]。

晋语指山西省及其毗连地区有入声的方言，其所属8个片区的亲疏远近关系很不一致，内部各片之间通话困难，同行政区之内各县之间的交谈也不是没有障碍（乔全生，2008：47）。入声这一共性其实在旧承德府辖区内的方言里并不存在，不过，表音词缀"圪"、分音词却有移民留下的痕迹[7]。带表音词缀"圪"的词语，宽城土语中有"圪针"、"圪穰"（轧过的秸秆）、"圪拢"（聚一起做某事）、"圪咕嘟"、"圪把"（如"手腕子脱臼，大夫圪把就上上了"）、"圪本"（咬硬物的响声）、"圪嚓"（木板类的折断声）、"圪等"（突然中断行为、动作的声音）。"圪针"指野生灌木，比枣树小，结的果实小而味酸，普通话的说法是"酸枣儿树"，这个词在邯郸内丘也写作"格针"，当"枣树上的刺"讲时，也写作"割针"，如唐山昌黎、张家口沙城、邢台、广宗等地，张家口和邢台等地的方言，与晋语关系紧密。宽城土语中的分音词，有"八冷儿"（即"蓬"，包裹板栗的、有好多长刺的外壳）[8]、"薄拉"（即"扒"）、"渠溜"（指"球"）、"居连"（指"卷"）、"薄浪鼓"（指"扁鼓"）、"滴离督蓝"（"滴离"指"提"，"督蓝"即"团"）、"互愣"（指"哄"）、"双巴朗儿"（指"双胞胎"，《儿女英雄传》三九回"人家养双伴儿的也有，自然是奶了一个再奶一个，他却要是俩一块儿奶"，"巴朗"指"伴"）、"翅巴朗儿"（"巴朗"指"膀"）、"巴览儿"（指"边"）。侯精一（1999a：8）列出18个与官话方言不同的晋语特殊词语，其中"山药蛋"[9]、"茅子"、"手巾巾"、"启子"、"风匣"5条都在承德宽城土语中使用。如"山药"，"山"宽城土语韵母为 ái，光绪《抚宁县志》卷三《物产》，"土芋，俗呼圆山药"，与旧承德府毗连的迁西、蓟县，与山西紧邻的张北、万全、龙关、崇礼、阳原、沙城、宣化、商都和邯郸均称"土豆"为"山药"，而保定、廊坊、石家庄等地虽有"山药"一名，但指"白薯"（李行健，1995：328）。再如指屁股的"启子"，宽城土语不直接用指"屁股"，但用在"掉底启"中，意为脱肛，"底"读作"叠"，这个说法在平遥话中存在（侯精一，1995：143），"启"衍生出"末端"的意思，比如"后启儿"指"胡同的最里面"，"启子"指蝎子的尾巴尖儿。乔全生（2008：70-73）列举了晋语中保留的古非敷奉母读重唇的上古音残迹，这在承德宽城土语中也存在："防风"为草本中药，"房"读[pʻɑŋ³⁵]；"敷面"为擀面时防粘连撒上的干面，"敷"读[pɤ³⁵]；"逢见"为不期而遇，"逢"读[pʻəŋ⁵¹]；"浮土扬烟"为烟尘飞舞，"浮"读[pau⁵¹]；"孵小鸡"，"孵"读[pau⁵¹]；"来了几番人"，"番"读[pɤ⁵⁵]；"炕烧得燔屁股"，"燔"读[pau⁵⁵]；"割了两稫子柴火"，"稫"读[pʻu⁵⁵]；"萝菔"为萝卜，"菔"读[pai⁰]；"缝上被蒙子"，"缝"读[pəŋ⁵⁵]；"翻山回家"，"翻"读[pʻan⁵⁵]；"老家遭灾，赴奔你来了"，"赴"读[pʻu²¹⁴]，"打发"，"发"读[pʻʌ⁵¹]。乔全生（2008：171-174）列举了晋语中古支微与鱼模同韵的情形，这在宽城土语中也有反映，"驴"读[luei³⁵]，与平遥接近，"米粥淤出来了"，"淤"（《广韵》"依倨切"）读[vei⁵¹]，《沃史·方言》记载"卫为玉"与此相类，"去"读[tɕʻi⁵¹]，临汾、洪洞与此同。宽城土语读"竹"曰[tʂəu⁵¹]（如

"石竹子花"),"叔"曰[ʂəu55],"熟"曰[ʂəu35],"搋"曰[tʂʻəu55](如"搋个皮腰带",《歧路灯》三一回"小的是错搋了别人的带子"),"露"曰[ləu51],这与晋方言遇摄模韵泥精组字、鱼虞韵庄组字与流摄同韵相类。

旧承德府方言与直隶、山东、山西方言关系密切,如上引资料所表明,尽管未必是以全部的旧有形态遗存,但仍旧可以发现二者之间存在严格的对应关系。出现这种非原有形态的遗存,有两个原因。一方面,直隶、山东、山西等方言处于密切接触之中,方言间相互影响在所难免;另一方面,承德一地政治地位突出,又居东北至北京的要道,受北京话影响再自然不过了。此外,有的词形及其读音在直隶、山东、山西方言中都可找到来源,这与几地方言具有同一的古代来源或共同继承了老官话有关,同时明清以来,山西向直隶、山东以及直隶与山东之间移民频繁(曹树基,1997a,1997b),相同来源的人口带来了相同的词形和读音。

四

"庄"字本为开口呼,在《切韵指掌图》《四声等子》《切韵指南》《五音集韵》《蒙古字韵》《古今韵会举要》中还是开口,而在周德清《中原音韵》、明代的《洪武正韵》《韵法直图》《韵法横图》以及徐孝《重订司马温公等韵图经》中和后来的共同语一样变为合口了。不过,包括"庄"字在内的庄组、知二宕江摄字的开口呼读法一直存在于其时及其后的文献记录中。除了承德宽城方言以外,在旧直隶、山东、山西等省方言中,用在村落名称中的"庄"字,都有不同于共同语的合口呼而作开口呼的相同的读法。

成书于天启六年(1626年)的《西儒耳目资》中的一些异读,反映了"庄"等字依旧读开口的情况。养韵"漺"字读[ʂaŋ3],"磢"字读[tshaŋ3],漾韵"怆"字读[tʂhaŋ1]。在朝鲜对音文献中,刊行于1747年、朴性源所撰《华东正音通释韵考》江韵"泷"字读[ʂaŋ],阳韵"创"字读[tʂʻaŋ](李得春,2002:121)。刊行于1751年、洪启禧所撰《三韵声汇》江韵"双"字读[ʂaŋ];"椿"字读[tʂaŋ];阳韵"霜"字读[ʂaŋ];"庄"字读[tʂaŋ];"床"字读[dzaŋ];"创"字读[tʂʻaŋ](李得春,2002:151,175,176)。刊行于1765年、金昌祚等所撰《朴通事新释谚解》"窗""疮"正音[tʂʻaŋ],俗音[tʂʻuaŋ];"床"正音[dzaŋ],俗音[tʂʻuaŋ];"双""爽"正音[ʂaŋ],俗音[ʂuaŋ];"庄""莊""壮""粧"正音[tʂaŋ],俗音[tʂuaŋ];"装"正音[tʂiŋ],俗音[tʂuaŋ];"撞"正音[dzaŋ],俗音[tʂaŋ](李得春,2002:210,248,267)。高本汉(1994:498)还在《中国音韵学研究》中指出,在日译汉音、吴音和安南译音中,"庄"都读开口。

山东掖县(今莱州)人周云炽于清代中期(1763年)所作《韵略新抄便览》中,"枝"母"张,诸良切"、"庄,侧羊切"、"春"母"昌,尺良切"、"窗,初郎切"、"上"母"商,尸羊切"、"霜,师庄切",各分两个小韵,通过反切下字系联,"良"、"羊"可以归为一类,而"窗,初郎切"中的下字"郎",在该书中应是开口呼aŋ所用韵字。这种现象也出现在同是掖县人的毕拱辰1642年所编的《韵略汇通》中,该书"春"母"昌,尺良切"、"窗,初良切",径用同一下字"良"。对这种现象,张玉来(1994:64)认为,由于毕拱辰继承了早梅诗,对声母的分别无所措手,以致搞得纰漏百出,在反切上也是处处被动。单从反切下字的系联来看,可以认为这里的庄组和知二组合流,"读成了开口",不能简单认为作者对这一韵的合口呼处理是"混乱"的。张玉来(1994:64)确定今读合口的"庄、窗、霜"等不能是合口韵,"应该以开口 aŋ 为好"。张鸿魁(2005:137)在处理这个问题时,也未将"窗、碜、创"算作合口字。北方方言中遗存的"庄"组、知二宕江摄字的开口呼读法,可以与韵书记录相互印证。

旧直隶属地的方言中,"庄"有[tʂaŋ]的读法,这个读音属与[tʂuaŋ]对应的白读。张莉(1998:48-51)列举了几例河北地名特殊读音字,"庄"在涿州"大洛各庄"、固安"丁各庄"、高碑店"奈各庄"中读[tʂaŋ]。涿州、高碑店、固安地接北京,"庄"读成[tʂaŋ]这样的特殊地名,在北京的房山也存在。房山有一个村子写作"岳各庄",在居于此地的89岁老人李普、93岁的陈保强及其他四五十岁以上人的口中,"庄"读作[tʂaŋ]。北京西北有一村庄叫"高里掌",它有可能是"高丽庄"的讹变,"掌"记录的是"庄"的读音,孙冬虎(2012:55-56)曾指出丰台花乡西南的"高立庄"即"高丽庄",因历史上作为高丽人聚居之地而得名。在更早一些的历史文献中,也可以发现"庄"读[tʂaŋ]的记载。丰台王佐镇西南的"野各庄",在光绪《顺天府志·河渠志十二》中记为"野谷庄",在光绪《良乡县志》附图中作"野各庄",在1924年《良乡县志》所附《京兆良乡县地图》和1936年《河北省良乡县地方实际情况调查报告书》所附《良乡县新舆图》中,都注记为"小野漳",1939年出版的《河北省良乡县事情》附图上标作"小野漳",正文列出的却是"野各庄"。孙冬虎(2012:57-58)指出,"野各庄"的"各"字在口语中常被弱化处理,急读时则被省略,当地方言又把地名中的"庄"读作[tʂaŋ⁵⁵]或[tʂaŋ²¹⁴],前面再冠以形容词"小",因而产生了"小野漳"这个别名,大约在1949年之后统一为"野各庄"。另据民国二十二年《顺义县志·风土志》"方言"载,"庄 有作业尢读者,如陈各庄、相各庄是",注音字母业尢正是[tʂaŋ]。

宫钦第(2008:51-52)指出,胶东方言宕江摄开口字 -u- 介音是《中原音韵》《韵略易通》《韵略汇通》以来新增生的,今天很多方言点中,宕江摄开口字仍旧保留开口。比如"疮",青岛、海阳读[tʂ'aŋ],荣成读[tʂ'aŋ],莱阳、蓬莱、牟平、威海读[ts'aŋ]。再如"双",在一种名曰"双眉角"的蝗虫名称中,莱阳读[saŋ],海阳读[ʂaŋ]。又如"撞",蓬莱读[ts'aŋ]。共同语知二、庄组宕江摄增生 -u- 介音没有例外,宫钦第认为,胶东方言知二庄组 -u- 介音的增生可能也是受共同语的影响而产生的,目前看到的上述这些未增生的字,是"这种演变规律的覆盖尚未彻底完成"。"庄"字《广韵》侧羊切,庄母阳韵,与"疮"同属宕摄,声母同属庄组,一送气一不送气。若以胶东方言"疮"等字向以前逆推,可以想见,在数百年前共同语未及近代的山东移民进入旧承德府的时代,"庄"字是存在[tʂaŋ]的读法的。于克仁《平度方言志》(1992:94,95)著录了一村落"冷戈庄"、"峙格庄",其中的"庄"字读[tʂaŋ],作者在"庄"下标__,按作者绪言的说明,它表示的是"此音特殊"。威海方言(董青,2008:38)中,"庄稼"之"庄"读[tʃaŋ⁵³],为开口呼。

侯精一、温端正(1993:539)指出,山西晋语北区包括天镇、怀仁、浑源、五寨、岢岚、保德、偏关、河曲8点,宕摄开口三等庄组、江摄知庄组字,今读开口呼,"庄"="张",

"窗"="昌",在今天的方言中,鼻音韵尾消失,有的点鼻化,有的点没有鼻化。宕江摄开口字仍读开口呼的情形,也保留在内蒙古晋语中,如集宁方言中有过相关的报告(王宇枫,2001:33)。高本汉《中国音韵学研究》记录了上个世纪二三十年代"庄"字的读音,该书《方言字汇》(1994:643)将"庄"字归化音(呼和浩特)标为[tsã],ʰa鼻化。高氏在《古代韵母的拟测》(1994:498)中,也提到过"庄"字的归化音,标为[tsaɣ̃],后附ɣ的鼻化。高本汉(1994:545)对于ɣ的鼻化作过说明,它"算一种很弱的ŋ音或是前头的元音的鼻音化"。

五

旧承德府辖境中的地名"×家杖子",从结构方式上来看由"×家"和"杖子"两部分组成。"杖子"所从由来的"庄子",在明清文献中常见,《红楼梦》三九回"我们庄子东边庄上有个老奶奶子"。"×家庄子"在其他地方早前的文献中有著录,如民国《莱阳县志》卷一之一《区制》亭右乡有"黄家庄子",蒲泉乡有"李家庄子"。今山东、山西等地有很多名为"×家庄子"的村落,通过百度地图所作的简单搜索显示,如山东潍坊有285个村落、日照有82个村落、临沂有77个村落、青岛有16个村落、烟台有31个村落。村落名中非首、尾字的"家"容易弱化或消失,这在多地方言中存在。曹延杰(1997:63-64)指出,山东德州村名中"读轻声的字(多数为'家'字),书面上(地图上或文字中)仍存在,但口语里大多通过儿化的形式,把中间的轻声音节变为零音节",一种情况甚至是"村名中读轻声的字,口语里也不复存在,口语音儿化。通过前字轻声变调规律,可以推测出后面原来有一个轻声音节"。山东梁山方言中(王彦,2007:61-62),也大量存在这种"家"字弱化、消失产生的零音节。河北获鹿方言中(陈淑静,1990:45),一些村落名中的"家"字也发生弱化,并与前字融合,"大李庄,原名大李家庄"、"郊庄,原名郊家庄"、"胡庄,原名胡家庄"。乾隆《钦定热河志》所著录的"×家嶂子"及后来诸书的"×家障子"、"×家帐子",到民国《迁安县志》所著录的口外村庄"×丈子",及至今天写作的"×杖子",正是在文献中记录了同其他地方方言中一样的"家"的变化。同治《迁安县志》卷七《村庄》著录的与旧承德府辖区接邻的旧迁安县村落中,有"李庄子"、"朱庄子"、"赵庄子"、"贾庄子"、"徐庄子"等村落名,这些名字可能都经历了和"×家嶂子"到"×杖子"一样的结构变化。

山西晋语北区方言中,"庄"读同"章","天镇、偏关宕摄合口并入宕摄开口一等,也即以上各摄字的今韵母合流,今都读开口呼韵母",天镇读[tʂɑ](崔淑慧,2004:17,103)。宕摄读同假摄最早在唐代就已发生了,马伯乐在研究唐代不空金刚的梵汉对音时,发现汉字"莽"和梵文 ma 对音。侯精一、温端正(1993:539)还指出,今天的山西晋语北区方言中,有的点"庄"同"章"读开口,发生了鼻化。两种类型的"庄"随人口流动进入旧承德府后,因受到北京官话及旧直隶等地移民方言的影响,反而恢复了后鼻音韵尾,即读成了"杖"。这样的演变不是孤立发生的,山西文水宕江摄字 20 世纪初期读为[ã],到了 20 世纪中期即读成了[aŋ](余跃龙,2007:26)。紧邻山西大同左云、右玉的内蒙古乌兰察布凉城县城关镇方言中,"aŋ

韵母属字比北京话中 aŋ 韵母属字多，包括了北京话中 aŋ 韵母和字和 uaŋ 韵母字，即古宕摄合口呼字在凉城括中读开口呼，"庄"读 [tsaŋ²¹]（孟丽君，2008：25，46）。凉城清初为察哈尔镶黄、镶红两旗地，乾隆十五年设宁远厅，由归绥道管辖，隶于山西巡抚，其地在山西与内蒙古呼和浩特之间，呼和浩特"庄"字为鼻化韵尾，而在地理位置和行政归属上与山西更接近的凉城却是完全的后鼻音韵尾。张清常（1959：90，97）整理的内蒙古清水河、凉城方言古宕摄合口呼知庄组字读开口呼与孟丽君的记录相同。旧承德府地名中"庄"读为"杖"与清水河、凉城话相同。在乾隆《钦定热河志》中，丰宁县有"喇嘛栅"、"马栅子"、"佟家栅"、"邓家栅"，滦平县有"大栅子"、"吴家栅"、"项家栅"，承德府有"小栅子"，这里的"×家栅"与"×家嶂子"命名方式一样，但数量远输后者，且只用于承德府西北一带村落，自西北向东南至承德府数量递减。丰宁、滦平无"×家嶂子"的说法，若以"×家"为分布条件，"×家栅"在承德丰宁、滦平等地所有地名中的位置与承德他地"×家嶂子"所处位置正好相当。"栅"在本区读[tʂa⁵¹]，可以推测，这里的"栅"与山西晋语北区中鼻音韵尾消失的"庄"同为一词，"×家栅"使用数量自与晋语张呼片接壤的丰宁到与丰宁接壤的滦平、与滦平接壤的承德渐次减少，反映了随着与晋语核心区空间距离的加大，晋语影响力逐渐降低，北京官话影响力则不断增强。

河北、山东、山西三地的"庄"字随移民进入本区后，因受北京官话及旧直隶等地移民方言的影响，除发生了上述变化之外，在声调上也发生了一些调整。其中的一种调整路径是完全放弃原有声调，转以北京官话的声调作为自己的声调，本区"庄稼"、"村庄"等词中，"庄"的声韵调与共同语完全一样即属此类，上引丰台王佐镇西南"野各庄"写作"小野漳"亦同。另一种调整路径是遵循北京官话的声调格局与调型，在继承原有声调特点的同时，将调值调整为其他调类的北京官话的调值。今天山西等地的方言中，阴平读作中降、低降调的不在少数，如果这些"庄"字在进入本区时就读中降、低降的话，那么今天却没有得到原封不动的保留，而是普遍变成了 51 的高降调，读得与北京官话的去声调值一样。旧承德府文献中著录的一些地名，有些原读阴平的字今读去声，如"夜不收"今作"叶柏寿"，阴平"收"读去声"寿"，"多和沟"今作"道虎沟"，阴平"多"读去声"道"，"庄河汀"今作"庄和庆"，阴平"汀"读去声"庆"，"伊玛图"今作"驿马吐"，阴平"伊"读去声"驿"。这在成书于乾隆甲子年（1744年）、满族人都四德撰写的记录东北方言的《黄钟通韵》也有反映，中古音为平声的字，都氏列为去声的有"浓、轰、湍、韬、钞"等字（邹德文，2009：80）。成书于明治十四年（1881年）、日人吴启太和郑永邦合编的《官话指南》中，阴平字读如去声的情况大量存在（李无未、赵小丹，2007：264-266）。潘悟云、曹志耘指出，调值合并的一个重要条件是调型相同、调值接近（张世方，2010：197），在强势北京官话的长期影响下，和北京官话既有调值相同的读法尽管是一种混同，但终究为向强势方言的形式靠拢。清宋琬遗次《永平府志》卷二十四《杂志》载，"其以姓名庄、名社，宜曰'家'，多为'各'，州县志皆然……今'七家岭'，史为'七个岭'，则'个'、'各'声近，本转音，讹书而然"，宋琬说"个、各"源于"家"，然而这个"家"却没有读成一般的阴平 55 调，读成 51 的调值是原方言为保留自身特点而转向其他调类读法的鲜活例子。

在平山久雄（2005a：213）拟定的北方方言祖调值初案中，阴平调值为 *42；潍坊坊子方

言古调值为 *31，德州方言古调值为 *21（2005b：256）；黄骅方言古调值为 *31（2005c：277）。张树铮（1999：135）构拟了寿光方言古调值，其中阴平调值为 21。这些古调值能够反映哪一个具体的时间段不好确定，但旧承德府人口移民与上述几地人口紧密相关，说旧承德府"庄"字阴平读去的现象是北方官话阴平古调值的遗迹，并不是没有可能。

包括地名在内的常用词语容易保存旧读，对于地名而言，即便是取名的或者是与名字密切相关的人不在了，名字仍旧难于改变。在与旧承德府紧邻的永平府迁安县，乾隆时有一地名"安家庄"，据乾隆《永平府志》卷二十四录顾学潮《安家庄》诗，"如何稽版籍，无复姓安家"，地名未因安姓人的消失而消失。上文已述，旧承德府汉人几乎全部来自直隶、山东、山西等地的移民，当时移民的文化素质无从谈起。康熙御制诗《沈家村》"耕农六七户，长年作邻里。生子不知书，有妇惟修簋"；乾隆《塔子沟纪略·序》载，"其民诚实有余，仪文不足，遂捐俸创立义学，使知诗书礼乐之源"，该书卷十一《艺文》载，"若蒙古不通汉语，更无文墨之士，即有名胜，谁与表彰。今年以来，流寓者众，多耕种贸易辈，愈言不及此矣"；民国《朝阳县志》载，"朝阳僻处热区东北隅，又汉蒙杂居，文化之开自应较晚"。两书所记大体代表了旧承德府的情形。至乾隆四十六年（1781 年），奉敕纂修《钦定热河志》的和珅、梁国治，对于当时村庄名字无法也不可能细致考究，即便测绘人员能够深入农村采访考查，也未必有乡民能够说出村落名称的一二，因为民人移居此地已近百年，加之仪文不足，他们也无法说清。因此，方志编纂者只能依据自己的理解来为"×家杖子"定形。从旧承德府历年文献著录的不同词形的"×家杖子"来看，"杖"字所记录字的读音没有变化，而读音不变、反复变换字形，有时甚至是同书中出现多个不同字形，则说明方志编纂者对于"×家杖子"语源探究的乏力。

乾隆年间之后，"杖子"作为村落名称的使用范围逐渐扩大，至今天已达数百例，其中平泉县 281 个，承德县 131 个，宽城县 72 个（张颖，2008：179）。"杖子"使用范围的扩大，一方面与直隶、山西、山东等地移民及其方言的继续进入有关，另一方面，不能排除后来者仿照了既有的村落名称"杖子"来为自己的村庄命名。"八里庄"、"四泉庄"、"太平庄"、"兴隆庄"、"新庄儿"这仅有的 5 例《钦定热河志》中的村落名，其不同于"嶂"的写法是否在当时一定读为 [tʂuaŋ] 不好说，虽然字形为"庄"，但也有可能读为 [tʂaŋ]，上引的"岳各庄"、"冷戈庄"等村庄名中的"庄"字，都有 [tʂaŋ] 的读法。当然，就像"岳各庄"的年轻人将"庄"读成 [tʂuaŋ] 一样，"八里庄"等地名中的"庄"也可以在后来读得和共同语一样了。

六

旧承德府方言属于北京官话，林焘说北京官话的内部差别是汉语方言中最小的。在这种较强的内部一致性背后，又隐含着许多交叉分布的语言现象，同时由于明清以来大量移民的关系，本区方言同时与冀鲁官话、胶辽官话、晋语也存在着千丝万缕的关系。张世方结合北京官话的其他方言和移民引发的语言接触，从声、韵、调几个方面对北京官话的发展演变作了探讨。他联系方言接触探讨了一些语音演变，并指出"北京官话其他点一些字的文白异读与北京话的文白异读并不属于同一层次"（张世方，2010：127）。关于语言接触和文白异读层次的讨论切中语言事实，譬如"色"字，宽城本地土语中不读［sɤ⁵¹］，一个读法是［ʂai²¹⁴］，如"褂子的色儿真鲜亮"，一个是［tʂʻɤ²¹⁴］，本地蜥蜴名"四色子"，［tʂʻɤ²¹⁴］的读法和牟平的［sɤ²¹³］相近，应是老官话的遗留。问题在于，发现具体的文白异读并确定其层次，在具体探究中处于先行位置。上述关于"庄"字的讨论表明，着眼于单字读音的调查，并不能发现"庄"字存在文白异读。通过考察移民使用方言的历史情况，并与"庄稼"、"村庄"等含"庄"字的词语进行比较，"庄"的异读才得以显现。受具有人为性、强制性、规范性、广泛性的普通话的影响，包括旧承德府方言在内的许多方言已经在为普通话迅速覆盖，通过整理历史资料和挖掘方言词汇中的异读字正成为抢救性研究途径。张世方（2010：115）著录的"墨"字，在承德方言中读［mei］［mo］、在围场方言中读［mei］［mɤ］，笔者本人为承德宽城人，在笔者 60 岁以上的亲友、乡邻中，这个"墨"字可读［mi］（如"墨汁"、"墨斗子"）或［mei］（"黑墨炭"），［mo］［mɤ］只存在单字的读音中，相反，年轻人的口中已很少有［mei］［mi］的读法，如果不能调查到这些老年人口中的"墨汁"、"墨斗子"、"黑墨炭"，［mei］［mi］的读法将很快消失在［mo］［mɤ］这种受普通话影响而产生的新文读背后。

"庄"读［tʂaŋ］，在旧承德府方言中属于地名中存留的移民方言遗迹。而在与旧承德府有过接触的其他方言中，这个读法也使用无多，以致有的方言研究者将其标示为"读音特殊"。实际上，类似的特殊读音在旧承德府方言甚或是北京话中多所存在，它们涉及声母、韵母、声调的各个层面，系统研究这些特殊读音，则不只是"不仅要运用古今音韵演变的一般规律，同时也要注意考察并运用音韵演变的特殊规律"来考证方言本字的要求（江蓝生，2000：218），更是结合历史资料还原接触细节、全面构建本地方音史的必然途径。张世方（2010：30）认为，"［xu-］［f-］不混的现象遍布整个北京官话区。如承德：饭 fan ≠ huan"，在旧承德府方言中，［xu-］［f-］并非截然不混，譬如"肤皮"之"肤"读［xu⁵⁵］，"掏翻"之"翻"读［xuan⁰］，"蝙蝠蝠"之"蝠"读［xu²¹⁴］，"蝴蝶"之"蝴"读［fu³⁵］。［xu-］［f-］相混不是偶然，这与移到承德府的山西移民有关，在山西平遥等地，［xu-］［f-］成类成批相混。张世方（2010：147）指出，承德宽城阳平单字调读 22，就笔者所知，宽城辖地有清一代二属，南部长城沿线一带归永平府迁安县，北部属承德府平泉州，其语音亦同两地，南部几个乡镇阳平调读 31，和迁安、迁西同，北部几个乡镇阳平读 35，与平泉同。调值是汉语语音当中相当"敏感"的成分，是一般人从听感上判断两个方言是否相似常用的标准（林焘，2001：191），说阳平和唐山市的 22 读得一样，本地人却绝对不会认可。比较起来，倒是林焘（2001：194）指出的包含宽城在内的青龙以北地区的调值"可以说是完全相同（临近东北地区的赤峰、凌源以及青龙可能略低一些）"更符合实际。宽城阳平字分区一调两读，缺少对这样的特殊读音的关注是无法弄清本地方音的历史和现状的。方言地理学派的一个代表性口号是，"每一个词都有它自己的历史"（徐通锵，1991：235），对于方音史构建而言，"每个词的历史"都值得重视。

附注

[1] 本文征引方志资料如下：民国《朝阳县志》、乾隆《塔子沟纪略》，见《中国地方志集成·辽宁府县志辑》（凤凰出版社，2006年）。同治《迁安县志》，为文峰书院刻、牛昶煦补刻本。民国《迁安县志》、光绪《抚宁县志》、民国《隆化县志》，见《中国地方志集成·河北府县志辑》（上海书店出版社，2006年）。《凌源县志》，为辽宁古籍出版社1995年版。雍正《八沟厅备志》，见吴宝泉《〈八沟厅备志〉译注》（冀出内准字［2002］第AC067号）。乾隆《钦定热河志》，为天津古籍出版社2003年版。道光《承德府志》、民国《莱阳县志》、民国《牟平县志》，为成文出版社1968年版。康熙十八年遗次《永平府志》、乾隆《永平府志》，见董耀会主编《秦皇岛历代志书校注》（中国审计出版社，2001年）。光绪《围场厅志》，为中国国家图书馆藏稿本。光绪《畿辅通志》，为上海古籍出版社1991年版。乾隆《威海卫志》，见北京师范大学图书馆藏民国十八年铅印本。乾隆《直隶遵化州志》、光绪《遵化通志》，为中国国家图书馆藏本。

[2] 作"树林"讲的"行"，还有音变为[kaŋ²¹⁴]的，比如同治《迁安县志》卷七《村庄》，"冷口外东沟小道诸庄"中录有"梨树港"，也是由"行"而来。

[3] 李申（1980：233）"kʻəkʻuãr 磕筐儿　全部买下来：剩下的我～了"。

[4] 后金侵明，常自承德府长城关口入边。《清史稿·太宗本纪一》所记颇多，如三年春冬十月，"次老河，命济尔哈朗、岳讬率右翼兵攻大安口，阿巴泰、阿济格率左翼兵攻龙井关。上与大贝勒代善、三贝勒莽古尔泰率大兵继之。丁丑，左翼兵克龙井关，明副将易爱、参将王遵臣来援，皆败死。汉儿庄、潘家口守将俱降。戊寅，上督兵克洪山口。辛巳，上至遵化。莽古尔泰率左翼兵自汉儿庄来会"。四年春正月，"台头营、鞍山堡、迁安、滦州以次降。建昌参将马光远来归……庚子，达海等复汉儿庄，贝勒阿巴泰守之"。

[5] 宽城土语中，"墨汁"中"墨"读曰"密"，而山东地名"即墨"中"墨"读mi（张树铮，1997：7）。

[6] "盐酱"指咸菜。《儿女英雄传》二一回："姑奶奶你可不要白费事呀！我不吃。别说锅渣面筋，我连盐酱都不动，我许的是吃白斋。"周文质《时新乐》"萝卜两把，盐酱蘸稍瓜"。

[7] 在地名上，也可以看出时人有山西移民。《钦定热河志》卷五十《疆域》中有"山西营子""山西营"。从地域上看，作为晋语张呼片东端的沽源、赤城（侯精一，1999b：33）正与本区丰宁接壤。

[8] 宋俞文豹（《唾玉集》，元陶宗仪辑，明陶珽重校，顺治三年宛委山堂刻本《说郛》卷二十三）"俗语'切脚字'勃笼篷字"。

[9] "山药蛋"在晋语山西部分亦称为"山药"，吴建生（1992：41）列举山西方言词汇核心词时，著录的是"山药（蛋）"，侯精一、温端正（1993：222，223）所列42个方言点中，12个点称"山药"。成书于1836年的《马首农言》即记为"回回山药"，刊于1830年的《大同县志》记为"回子山药"（尹二苟，1995：105-109）。

参考文献

曹树基 1997a　中国移民史：第五卷［M］　福州：福建人民出版社
曹树基 1997b　中国移民史：第六卷［M］　福州：福建人民出版社
曹延杰 1997　德州方言地名读音［J］　方言（1）
陈淑静 1990　获鹿方言志［M］　石家庄：河北人民出版社
陈淑静 2002　河北方言字词特殊读音试解［A］// 李如龙　汉语方言研究文集［C］　广州：暨南大学出版社

崔淑慧 2004　山西北区方言语音研究［D］　暨南大学：广州
董　青 2008　威海方言初探［D］　苏州大学：苏州
樊腾凤 出版年不详　五方元音大全［M］　上海：上海广益书局
高本汉 1994　中国音韵学研究［M］　赵元任，罗常培，李方桂，合译　北京：商务印书馆
宫钦第 2008　胶东方言的历史演变［D］　浙江大学人文学院：杭州
何占涛 2011　东北满族文化认同研究——朝阳满语地名的社会语言学探究［J］　满语研究（1）
侯精一 1995　平遥方言民俗语汇［M］　北京：语文出版社
侯精一 1999a　论晋语的归属［A］//现代晋语的研究［C］　北京：商务印书馆
侯精一 1999b　晋语的分区［A］//现代晋语的研究［C］　北京：商务印书馆
侯精一，温端正 1993　山西方言调查研究报告［M］　太原：山西高校联合出版社
江蓝生 2000　后置词"行"考辨［A］//近代汉语探源［C］　北京：商务印书馆
李得春 2002　朝鲜对音文献标音手册［M］　牡丹江：黑龙江朝鲜民族出版社
李　申 1980　徐州方言词汇（下）［J］　方言（3）
李无未，赵小丹 2007　十九世纪末叶北京官话声调初探——以日本人编《官话指南》为依据［A］//耿振生　近代官话语音研究［C］　北京：语文出版社
李行健 1995　河北方言词汇编［M］　北京：商务印书馆
林　焘 2001　北京官话区的划分［A］//林焘语言学论文集［C］　北京：商务印书馆
罗福腾 1997　牟平方言词典［M］　南京：江苏教育出版社
孟丽君 2008　凉城话音系［D］　兰州大学：兰州
平山久雄 2005a　江淮方言祖调值构拟和北方方言祖调值初案［A］//平山久雄语言学论文集［C］　北京：商务印书馆
平山久雄 2005b　从声调调值演变史的观点论山东方言的轻声前变调［A］//平山久雄语言学论文集［C］　北京：商务印书馆
平山久雄 2005c　官话和晋语方言中"上上变调"的类型及其成因［A］//平山久雄语言学论文集［C］　北京：商务印书馆
钱曾怡，罗福腾 1992　潍坊方言志［M］　潍坊：潍坊市新闻出版局
乔全生 2008　晋方言语音史研究［M］　北京：中华书局
孙冬虎 2012　丰台地名的追根寻源与正本清源［J］　北京联合大学学报（人文社会科学版）（4）
王　彦 2007　梁山地名中零音节"家"的存在形式［J］　中国语文（1）
王宇枫 2001　浅析集宁方言的合口呼变开口呼现象［J］　集宁师专学报（3）
吴建生 1992　山西方言词汇异同例说［J］　语文研究（4）
徐通锵 1991　历史语言学［M］　北京：商务印书馆
尹二苟 1995　《马首农言》中"回回山药"的名实考订——兼及山西马铃薯引种史的研究［J］　中国农史（3）
尹世超 1997　哈尔滨方言词典［M］　南京：江苏教育出版社
于克仁 1992　平度方言志［M］　北京：语文出版社
余跃龙 2007　文水方音百年来的演变［D］　山西大学文学院：太原
张鸿魁 2005　明清山东韵书研究［M］　济南：齐鲁书社
张　莉 1998　河北地名特殊读音字例析［J］　汉字文化（4）
张清常 1959　内蒙古自治区汉语方音与普通话语音对应规律［J］　内蒙古大学学报（社会科学）（1）
张世方 2010　北京官话语音研究［M］　北京：北京语言大学出版社

张树铮 1999　方言历史探索［M］　呼和浩特：内蒙古人民出版社
张　颖 2008　从地名看多元文化的交融——以承德地名为例［J］　河北学刊（5）
张玉来 1995　韵略汇通音系研究［M］　济南：山东教育出版社
张智慧，柴世森 1999　河北地名及其文化内涵刍议（下）［J］　河北师范大学学报（社会科学版）（3）
邹德文 2009　清代东北方言语音研究［D］　吉林大学文学院：长春

附记

本文为上海市社科规划课题"东北地区胶辽官话的时空变异研究"（2017BYY011）的阶段性成果。

"急就篇"系列教材"问答"异文新解
——以"今日、今儿个、今儿、今天"为例

同济大学 姚伟嘉

一、研究缘起

"急就篇"系列教科书在二十世纪的日本汉语教学史上,具有极其重要的地位。与国际影响力较大的《官话指南》相比,整体篇幅略小、难度循序渐进的《急就篇》似乎更受日本本土学习者的青睐。自1904年《官话急就篇》初版问世至1972年《改定急就篇·会话篇》第5版出版,将近70年间,为确保教材内容紧跟时代,符合学习者需求,其编写者对其进行过两次较大规模的修订。按出版的时间可分为《官话急就篇》(1904-1933,出版126版)、《急就篇》(1933-1944,出版71版)与《改定急就篇》(1960-1972,出版5版)三个阶段[1]。

一般认为《官话急就篇》记录了清末的汉语,《急就篇》记录了民国时期的汉语,《改定急就篇》则努力呈现了新中国成立以后的汉语面貌。作为口语教材的核心内容,三本的"问答"部分大多数篇目的内容基本相同,只是语言表达有所不同(见表2),这便为我们研究汉语现代化提供了一份宝贵的同时资料。

表1 三种"急就篇""问答"篇数及篇均字数统计

	"问答之上"篇数 (篇均字数)	"问答之中"篇数 (篇均字数)	"问答之下"篇数 (篇均字数)	总篇数 (篇均字数)
官话急就篇	102 (12.97)	152 (39.5)	74 (112.77)	328 (40.81)
急就篇	100 (13.16)	164 (46.78)	33 (184.51)	297 (42.84)
改定急就篇	100 (14.7)	173 (52.22)	43 (231.53)	316 (64.74)

表2 三种"急就篇""问答"异文情况基本统计

	官话急就篇	急就篇	改定急就篇
三种皆有，且无异文的篇目数	15	15	15
三种皆有，但互为异文的篇目数	**127**	**127**	**127**
三种皆有，但《官话急就篇》与《急就篇》《改定急就篇》有异	32	32	32
三种皆有，但《改定》与《官话急就篇》《急就篇》有异	36	36	36
仅《官话急就篇》《急就篇》有，且无异文	6	6	
仅《官话急就篇》《急就篇》有，但存在异文	**16**	**16**	
仅《急就篇》《改定急就篇》有，且无异文		14	14
仅《急就篇》《改定急就篇》有，但存在异文		**43**	**43**
仅某本独有	96	8	49
"问答"总篇数	328	297	316
存在异文总篇数	**211**	**254**	**238**

那须清（1972：1-12）是最早关注"急就篇"系列教材异文的学者，通过逐一比对各章内容，那须列出大量异文。在肯定《急就篇》用新词替换旧词、用通用语替换北京官话做法的同时，他也批评《急就篇》的修订"不彻底"，如："今天几号了？ 今儿十号。"在他看来，新词"今天"与旧词"今儿"出现在同一段对话中是不妥当的。这个批评引起了笔者的注意：如此明显的新旧词等义并出，究竟是修订者粗心漏改，还是刻意为之？

本文以六角恒广《中国语教本类集成》二编影印的《官话急就篇》（1918年第46版，宫岛大八主编、张廷彦校阅），《急就篇》（1939年第42版，宫岛大八主编、包象寅校阅），以及日本樱美林大学三到图书馆所藏的《改定急就篇·会话篇》（1972年第5版，宫岛贞亮主编）作为研究底本，基于"今日－今儿个－今儿、今天"这组词所产生的异文，分析三种"急就篇"教材语言的修订，除了现代化、通语化、平等化以外，是否还有其他修订原则。

二、异文实例分析：今日－今儿个－今儿、今天

1. a. 今兒幾兒了？ 今兒初十。（官话急就篇·上21）[2]
   b. 今天幾號了？ 今兒十號。（急就篇·上23、改定急就篇·上26）
2. a. 今兒有船沒有？ 今兒沒船，明天有船。（官话急就篇·上96）
   b. 今兒有船沒有？ 今兒個沒有，明天有。（急就篇·上96）
3. a. 您今兒甚麼時候兒回來？（官话急就篇·中81、急就篇·中82）
   b. 您今天什么时候儿回来？（改定急就篇·中89）
4. a. 我今兒個早起上的弦。（官话急就篇·下32、急就篇·中142）
   b. 我今天早起上的弦。（改定急就篇·中150）
5. a. 今兒有學堂沒有？（官话急就篇·中26）

b. 先生今日有學校沒有？（急就篇·中 25）

c. 先生今天有课沒有？（改定急就篇·中 25）

在本例考察的这组词中，除"今日"以外，都是到清代才出现在传世文献中的。岩田礼（2017:166-167）对"今日"语音形式的演变描写如下：今日（"强－弱"型重音）因"类推牵引"影响，在元代形成了三音节的"今日个"（"中－弱－强"型重音），中间音节弱读为"儿"，出现"今儿个"（再度变成"强－弱"型重音），随后"个"进一步弱化，"今儿"就此产生。因此我们可以将"今儿个"和"今儿"看作"今日"的语音变体。这个演变过程自元代始，一直持续到清初。而"今天"则是到清中期才横空出世。目前笔者找到的最早文例来自莎彝尊为指导广东人学"正音"编写的《正音咀华》[3]：

6. 年兄，近来兄弟应酬上头的差事繁得很，今天要办这个差，明天要办那个差。（《正音咀华》卷二·说情）

在同书同卷，我们还发现了"今日"与"今儿"的用例：

7. 昨日劳动阿哥的驾，今日兄弟特来请安道乏。（《正音咀华》卷二·回拜）

8. 昨儿这么骚扰，今儿还累吾兄到来。（《正音咀华》卷二·回拜）

可以确定，在十九世纪中期的官话口语里，"今日"、"今儿"、"今天"都可说。宋桔（2015:255）发现在《自迩集》成书的时代（第一版于1867年出版），"X日"在口语中已被"X儿"替代[4]。不过就笔者考察的清末汉语教材，"今日"在官员或文人对话场合出现的频次还是不少，如《官话指南》(1881初版) 中"今天"3见、"今儿个"24见、"今儿"25见，而"今日"多达33见，全部出现在第四卷，这卷的内容正是官场应酬。由此可见，此时的"今日"已逐渐脱离通语口语，成为具有书面语色彩的雅正之辞。本文例5b是说话人向一位教书先生提问，《急就篇》改"今儿"为"今日"，也算合理。

表3 二十世纪七种汉语教材中的"今日"、"今儿个"、"今儿"、"今天"统计

词条	二十世纪清语读本[5]	官话急就篇	言语声片[6]	支那语会话篇[7]	急就篇	国语入门[8]	改定急就篇
今日	2		1		3		
今儿个	1	3			2		
今儿	17	47			35	14	21
今天	10	2	16	21	4	17	15

进入二十世纪，"今日"的变体"今儿"与"今天"展开了主导词之争。尽管从使用频次看（见表3），三种"急就篇"中的"今儿"更多。但从《官话急就篇》的"名辞"部分就收录了这样一组词："今天（今儿）、明天（明儿）、昨天（昨儿）、前天（前儿）、后天（后儿）"《急就篇》和《改定急就篇》的"单语"部分仍之。根据"急就篇"系列"名辞（单语）"部分的编写习惯，在前者为正式表达，括号内的词口语化程度更高，如："父亲（爹）"、"母亲（妈）"、"村（屯儿）"等。"急就篇"编者对这组词未来发展的预判是相当准确的——"今儿（个）"至今仍是大部分

北方方言表示"today"的主导词,"今天"则在新中国成立后成为普通话该义位上的绝对主导。上揭例1–5正记录了这样一个此消彼长的过程。

作为重要的过渡,成书于乱世的《急就篇》体现出了对各种"同素异形体"的高度包容("问答"部分使用了"今日"、"今儿个"、"今儿"、"今天"四个表示"today"的词项),甚至在同一个话轮(turn)中使用两种表达,如例1b、2b。在笔者考察的汉语教材中,还有另一种出现了这种"等义并现"的现象,那就是赵元任先生的《国语入门》:

9. 比如你說"<u>今兒</u>天氣真好,嗄?"他就也許說"是的罷,<u>今天</u>天氣不錯。"(《国语入门》第十课)

10. 乙:<u>今兒幾兒</u>?[9]
    甲:嗄?
    乙:<u>今天</u>甚麼日子?
    甲:哦,<u>今兒幾兒</u>啊?<u>今兒</u>是十二月三十一號。(《国语入门》第十一课)

为何《急就篇》与《国语入门》要这样编写课文呢?

笔者认为,将所指相同、日常使用频次相近的两种表达同时教给学生,可避免分散记忆,快速丰富语汇,从而帮助他们更好地用汉语进行交际。笔者曾遇到过不少只知"西红柿",不知道"番茄"的留学生。他们表示:"番茄"一词课本中没有,HSK词表中没有[10],老师也没教过,所以不懂。如果教材的编写者能有意识地采取"等义并现"策略,这或许就不是问题了。

因循这一思路,我们重新考察"急就篇"异文,发现除例1、2以外,《急就篇》所见"等义并现"的异文共有13组,罗列如下[11]:

	官話急就篇	急就篇	改定急就篇
11	他<u>在</u>那兒<u>住</u>? 他<u>在</u>神田<u>住</u>。	他<u>在</u>那兒<u>住</u>? 他<u>住在</u>城外。	他<u>在</u>哪兒<u>住</u>? 他<u>住在</u>城外。
12	您<u>打</u>那兒來? <u>打</u>家裏來。	您<u>從</u>那裡來? <u>打</u>家裏來。	您<u>从</u>哪里来? <u>打</u>家里来。
13	吃了飯了麼? 偏過了。	用了飯了沒有? 偏過了。	用了飯了沒有? 用过了。
14	他<u>中</u>了沒有? <u>中</u>了。	他<u>考中</u>了沒有? <u>取</u>上了。	他<u>考中</u>了嗎? <u>取</u>上了。
15	你們講習會<u>多登</u>開? 本月十五開。 開到<u>多登</u>? 開到八月三十一。	今年講習會<u>幾時</u>開? 本月十五開。 開到<u>多喒</u>? 開到八月三十一。	今年讲习会<u>几时</u>开? 本月十五开。 开到<u>多喒</u>? 开到八月三十一。
16	你們二位住<u>在一塊兒</u>麼? 是<u>住在一塊兒</u>。	你們二位<u>住在一處</u>麼? 是<u>一起住</u>。	你們二位<u>住在一处</u>嗎? 是<u>一起住</u>。

17	賬都還完了沒有？ 差不多都還完了。	賬都還完了沒有？ 差不多都給了。	賬都还完了沒有？ 差不多都给了。
18	這是甚麼花兒？ 向日蓮。 那個呢？ 晚香玉。 那爬架的是甚麼？ 是勤娘子。	這是甚麼花兒？ 向日蓮。 那個呢？ 晚香玉。 那爬架的又叫甚麼？ 就是俗話叫做喇叭花。	这是什么花儿？ 向日葵。 那个呢？ 晚香玉。 那个爬架子的又叫什么哪？ 就是俗话叫做喇叭花。
19	這趟車我們坐行不行？ 不行，這是貨車不搭客。	這趟車我們坐成不成？ 不行，這是貨車不搭客。	这趟车我們坐成不成？ 不行，这是貨车不搭客。
20	聽說令愛有點兒不舒服，現在大好了沒有？ 叫您惦記著，他不過著點兒凉，現在已經大好了。	聽說令愛有點兒欠安，現在痊愈了沒有？ 叫您惦記著，他不過受點兒感冒，現在已經大好了。	听说您的小姐有点儿不舒服，现在全好了沒有？ 叫您惦记着，不过受点儿感冒，现在已經大好了。
21	像你哪？ 我是越多越好。 你既是越多越好，爲什麼叫我拿住了呢？	像你哪？ 我是越多越好。 你既是多多益善，爲什麼反叫我給拿住了？	象你哪？ 我是越多越好。 你既是多多益善，为什么反叫我給拿住了？
22	著比"你上那兒去？"，你若把"那兒"念重了，就受聽，你要把"去"字兒念重了，就不受聽了。	著比"你上那兒去？"，你若把"那"字念重了，就受聽，你要把"去"字兒念重了，就不受聽了。	例如，你上哪儿去，你若把"哪"字儿念重了，就受听，你若把"去"字儿念重了就不受听了。
23	他怎麼沒去告訴您哪？ 也許是他怕我送行去，所以沒告訴我。	怎麼沒知會？ 也許是他走的忙，沒肯告訴我。	怎么沒说一声？ 可能是他走的忙，沒肯告訴我。

很明显，《急就篇》的修订者并非粗心漏改，而是有意识地在学生初学阶段就将口语中的"同素异形体"（包括单词、短语、语块）编入同一段课文，以期优化教学效果。在依据现代化、通语化、平等化原则进行修订的同时，《急就篇》修订者还从方便教学的目的出发，创造性地采用"等义并现"策略修订"问答"语言，《改定急就篇》也基本继承了这一新的修订原则。但在笔者经眼的当代初级汉语教材中，很少有采用这一策略的[12]。

三、余论：不可忘记的汉语国际教育前辈

在以往的"急就篇"系列教材研究中，很少有人关注它的两位中国校阅人——张廷彦与包象寅，更鲜有人探究他们对"急就篇"系列教材究竟做了哪些贡献。

本文在对比"急就篇""问答"异文时，强烈感受到《急就篇》的语言风格与《官话急就篇》截然不同。比对《急就篇》与宫岛大八刚回国不久后编写的《官话辑要》，很难相信宫岛大八在留学归国将近40年之后汉语面貌会发生如此大的改变。一个较为合理的解释是：《急就篇》

修订的主要工作是由母语者包象寅（1877–1958）完成的[13]。这位包先生系文渊阁大学士琦善之后，满洲正黄旗人。1916 年，近不惑之年的包象寅受宫岛大八之邀赴日教授汉语，先后在善邻书院、东京外国语学校、陆军士官学校等处教书。校阅《急就篇》时，他已在日本工作了 17 年。出身贵族加之年事已高，他的语言自然就带着些泥古的夫子气，如将"怎麽樣"改为"如何"（《急就篇》中·130）、将"您打算上那兒去？"改为"您打算作何消遣？"（《急就篇》中·145）、将"還這麼客氣做甚麼哪。"改为"無須乎客氣。"（《急就篇》下·5）。但可能也正是他，基于长期一线教学的经验，总结出"等义并现"的教材编写策略，并在《急就篇》中实践，为"急就篇"系列教材的教学别开生面，也为新时代的我辈带来启发。

注

[1] 从《官话急就篇》增补 4 版开始，"急就篇"系列教材都是由"名辞（单语）"、"问答之上"、"问答之中"、"问答之下"、"散语"、"附"六部分组成。其中，"问答之上"皆为一个话轮的短对话，"问答之中"基本是 2-4 个话轮的长对话。"问答之下"由对话和故事组成，从表 1 的统计结果可见，"问答之下"的单篇篇幅明显长于前两章，反映出循序渐进的教学思路。
[2] 为反映教材真实面貌，本文"急就篇"系列引文的字形一律据教材原文呈现。
[3] 据李新魁（1993:392），《正音咀华》成书于 1837 年以前。本文所用为咸丰癸丑（1853）麈谈轩刻本。例 6 比蒋绍愚（2012:159-160）所引的《花月痕》（1858 年刻本）"今天"例略早。
[4] 据宋桔（2015:254）统计，在《自迩集》第一版中，"今儿" 53 见、"今儿个" 5 见、"今日" 3 见，未出现"今天"。
[5] 李文权（1879– ？，北京人）主编，1911 年在日本文求堂出版。
[6] 舒庆春（老舍，1899-1966，北京人，满族，）与 J. Percy Bruce、E. Dora Edwards 合作编写，1928 年在英国 Linguaphone Institute 出版。
[7] 傅芸子（1902-1948，北京人，满族）主编，1938 年在日本弘文堂出版。
[8] 赵元任（1892-1982，祖籍常州，生于天津）主编，1948 年在美国哈佛大学出版社出版。
[9] 例 10 中的"几儿 – 甚么日子"同样是等义并现的。
[10] "西红柿"在 HSK 四级词表中。
[11] 字体加粗的为采用"等义并现"编写策略的文例。"急就篇"系列采用此编写策略的异文例共计 15 处，其中 12 处集中在"问答之上"与"问答之中"，即初级学习阶段。
[12] 《真实生活汉语 1》（2014）是难得的具有"等义并现"意识的当代初级汉语教科书。如第七课课文："A:……您的房间号码是 1420，房间在 14 <u>层</u>…… B: 请问餐厅在哪儿？ A: 我们有中餐厅和西餐厅。中餐厅在一<u>楼</u>，西餐厅在二<u>楼</u>。"又如第十课："A: 我一定要给你过生日。可是，后天是周四，我有三节课，还有很多作业<u>周五</u>要交。怎么办呢？ B: 我这个星期一、星期二、星期三和<u>星期五</u>也都有课。我正好<u>星期四</u>没有课，我可以自己过生日。"该教材是基于上千学生的使用经验编写的，这样的课文确实为教学带来了便利。
[13] 张廷彦于 1929 年在东京去世。他离世后，包象寅成为善邻书院的首席汉语教习。

参考文献

板垣友子 2013　中国話教本《官就篇》と《急就篇》の比較——"問答"の語彙變化 [J].《中国語教育》第 11 号.

曹志耘 2008　汉语方言地图集：词汇卷 [M].商务印书馆.

傅芸子 1938　支那语会话篇 [M].京都：弘文堂.

蒋绍愚编 2012　汉语词汇语法史论文续集 [M].北京：商务印书馆.

李国权 1911　二十世纪清语读本 [M].东京：文求堂.

李新魁、麦耘 1993　韵学古籍述要 [M].西安：陕西人民出版社.

六角恒广编 1992　中國語教本類集成 [M].東京：不二株式會社.

六角恒广 2001　今はむかし,《同学》综辑号 [M].同学社.

那须清 1972　急就篇の語彙 [J].《文学论辑》第 19 号.

舒庆春、J. Percy Bruce、E. Dora Edwards 1928　言語声片（*Linguaphone Oriental Language Courses: Chinese*）[M]. London, Linguaphone Institute.

宋桔 2015　《语言自迩集》的汉语语法研究 [M].上海：复旦大学出版社.

吴德安、魏久安等 2014　真实生活汉语 1 [M].北京：北京大学出版社.

岩田礼、王曹杰译 2017　汉语方言地理学——历史、现状与理论课题,中国语言地理第 1 辑 [M].武汉：崇文书局.

姚伟嘉 2015　日本近代中国人汉语教师名师谱,《第三届汉语国际传播学术研讨会论文集》[M].北京：外语教学与研究出版社.

姚伟嘉 2015　《官话急就篇》《急就篇》词汇比较研究——以两书"名辞（单语）"部分为中心,《现代汉语的历史研究》[M].杭州：浙江大学出版社.

永野千绘 2015　近代日本汉语教材《急就篇》相关研究 [D].广东外语外贸大学硕士学位论文.

赵元任 1948　国语入门（*Mandarin Primer*）[M].Cambridge, Massachusetts, Harvard University Press.

附记

文本获同济大学中央高校基本科研业务费资助（课题名称：近代日韩汉语教科书语言对比研究,wx025020170708）.

中国語の"adj＋起来"と日本語の「adj＋なってくる」との対照研究
―副詞とのかかわりを中心に―

大連外国語大学／鹿児島国際大学　梁玥

1. はじめに

　中国語の趨向動詞（方向動詞）[1]"起来"と日本語の補助動詞「〜てくる」は空間的意味のみならず、時間的意味も表すことができる。"起来"と「〜てくる」は動詞に限らず形容詞と意味関係を結ぶこともある。ただし、日本語では「adj＋なってくる」のような形で用いなければならない。これまでの研究はほとんど「V＋"起来"」「V＋てくる」に集中しているが、形容詞も視野に入れて、対照研究の観点から"adj＋起来"と「adj＋なってくる」のような構造についての研究はまだないようである。

　以下では、中国語における「形容詞＋方向動詞」構造を"adj＋起来"のように表記し、日本語における形容詞の連用形を受ける「なってくる」を「adj＋なってくる」のように書き記し、その両方の共起制限や構文的分布に焦点を当てて、意味的特徴、アスペクト的特徴、さらに副詞とのかかわりといった角度からそれぞれの共通点や相違点を浮き彫りにする。

2. 先行研究の問題点と本稿の代案

　前述したように、形容詞の連用形と「なってくる」によって構成される「adj＋なってくる」の意味・機能を研究対象とするものは管見の限り見当たらない。しかし、日本語学の観点から「V＋てくる」構造に関する研究は数多くあり、例えば、寺村秀夫（1984:157）では「V＋てくる」を「V－V」のように二つに分けて、それによって構成された文の構造について二つの述語が存在すると主張し、どちらが「主たる述語」であるかということに焦点を当てて分析がなされている。以下では寺村秀夫（1984:157）を引用する。

　　（1）毎朝会社へ歩いてくる
　　（2）学校へは自転車に乗ってきます

　のような結びつきでは、「歩いてそれからくる」のでなく、「歩いて」が「どういう来かたでくるのか」ということを表わしている、という点で、「くる」が主たる述語、「〜て」がそれを副詞的に（「徒歩で」「自転車で」などと同じ機能で）限定・修飾しているという、従―主の関係で結びついたものになっている。

寺村秀夫（1984:157）は例（1）（2）の述部のような結びつきを、v‐V（主が大文字、従が小文字）のように表記し、小文字のvに対し大文字のVが「主たる述語」であるとしている。

寺村秀夫（1984:157）はフォーカスの観点から例（1）（2）における「歩いてくる」「乗ってくる」の意味構造をとらえていると考えられる。確かに、例（1）（2）における「歩いてくる」「乗ってくる」の意味構造について考える場合、フォーカスの観点を欠かしてはならない。しかし、例（1）（2）における「歩いてくる」「乗ってくる」の意味については、命題の違いによって前置の「歩く」「乗る」が「主たる述語」になったり、後置の「くる」が「主たる述語」になったりすることがありうると考えられる。

寺村秀夫（1984）の指摘に対して、本稿では作用域（scope）という観点も取り入れる。そうすることによって、文法性判断の客観性が保証されるからである。つまり、例（1）（2）の述部については、述語の作用域の観点から考えれば、伝達すべき情報内容のポイントが補助動詞としての「くる」にあると考えられるが、本動詞としての「乗る」にあるとも考えられる。さらに、説明を加えれば、文における述語の作用域は命題のあり方に左右され、命題が違えば、述部の作用域も変わる可能性がある。当然のことながら、作用域が異なれば述部に関する意味解釈も異なるのである。

このような見解の妥当性は例（2）を見ても明らかである。つまり、命題の違いによって述部の作用域が流動的である。そのため、述語の「乗ってくる」が「学校」という領域に意味を及ぼしていると解釈しても、「自転車」という領域に意味を及ぼしていると解釈してもかまわないのである。つまり、「学校へは自転車に乗ってくる」については、作用域の違いによって多義的に解釈することが可能である。述語の統御領域は「学校」にあるのならば、移動を表す「くる」が「主たる述語」となり、述語の統御領域は「自転車」にあるのならば、移動の手段を表す「乗る」が「主たる述語」となるのである。次の図で説明する（Vが主たる述語であり、vが従たる述語である）。

(2) **学校**へは自転車に乗ってきます（v‐V）　　(2) 学校へは**自転車**に乗ってきます（V‐v）

さらに、もう一つのことを見逃してはならない。寺村秀夫（1984:157）はもっぱら空間的特徴に主眼を置き、時間的特徴には触れていない。しかし、「～てくる」の意味特徴を考える場合、アスペクトの観点も必要不可欠である。そのため、本稿はアスペクトの観点も取り入れる。

一方、温雅珺（2001:242）では対照研究の観点から中国語の"起来"と日本語の「～てくる」について照らし合わせ、両者のアスペクチュアルな意味・用法について次のように述べている。

日本語の「てくる」は〈結果相〉を表せず、〈始動相〉を表せる。（中略）
「起来」が〈結果相〉を、「てくる」が〈反復継続相〉を表す場合、「起来」と「てくる」は対応しない。

　日本語の「～てくる」は「始動相」を表せるということについては、温雅珺（2001）の指摘が事実に合っているかもしれない。しかし、「結果相」を表せないという指摘は事実に合わない。そのようなルールではすべての「adj + なってくる」構造の意味特徴について合理的に説明することができない。このような見解の妥当性は以下の例（3）と例（4）によって裏付けられる。

（3）五月初め、気温が十分高くなってくるころ、冬の間に硬くなった土を耕し、一面に水を張る。（神戸新聞　朝刊　2004/05/27）

（4）もう少し暖かくなってくると、春コート未満の、軽量羽織りものが役立ちます。注目は、シャツワンピースの前を開け、羽織りものとして取り入れるファッション。（朝日新聞　朝刊　2017/05/06）

　例（3）（4）のような文では話し手のフォーカスが「始動」にあるのではなく、「結果」にあるのだろう。例（3）（4）における「高くなってくる」「暖かくなってくる」は程度副詞の「十分」「もう少し」との共起によって、後件の表す事柄がそのような程度を満たさないと、成立しにくいという意味を表していると解釈される。副詞の作用域は「adj + なってくる」全体にかかわり、時間性からみれば、変化の結果に傾いてしまうのである。
　また、温雅珺（2001）の「てくる」が「反復継続相」を表すが、"起来"が「反復継続相」を表さないという指摘についても再検討する必要があるように思われる。「反復継続相」というとらえ方が適当か否かは別として、以下の例（5）と例（6）は温雅珺（2001）の指摘に対する反例である。

（5）快到1月份，某地政府工作人员程峰（化名）又忙碌起来了。（人民日报　2016/12/29）
　　（1月になろうとするころ、地方公務員の程峰（仮名）さんはまた忙しくなってきた）

（6）快过年了，车市又旺了起来，许多人想买辆车，风风光光回老家。（大河网　2017/01/16）
　　（もうすぐ春節になり、車の売買が再び盛んになってきた。大勢の人が羽振りよく帰郷できるように、車がほしくなったのである。）

　例（5）（6）における"忙碌起来"（忙しくなってきた）"旺了起来"（盛んになってきた）は副詞の"又"の修飾を受けているので、物事の状態が再び現れるという意味を表していると解されうる。つまり、そのような文脈では話し手のフォーカスが物事の反復を表すことにあると解されうる。「反復」を表す場合、"起来"と「～てくる」は対応関係にあると認められる。このことから、温雅珺（2001）で言う「～てくる」が「反復継続相」を表すが、"起来"が「反復継続相」を表さないという指摘は事実に合わないと認めなければならない。

先行研究の指摘に対して本稿は、副詞とのかかわりも視野に入れて検討する。以下、3では副詞とのかかわりに焦点を当てて、中国語における"adj＋起来"構造の構文的特徴や使用条件を明らかにする。4では、日本語における「adj＋なってくる」構造と副詞とのかかわりについて述べる。5では"adj＋起来""adj＋なってくる"と副詞とのかかわりについて対照分析し、6では、まとめを行う。

3. "adj＋起来"と副詞とのかかわり

　中国語の形容詞は、いわゆる方向を表す動詞"起来"と意味関係を結ぶ場合、直接"adj＋起来"のような形で用いられる。ただし、"adj＋起来"の意味素性を考える場合、副詞とのかかわりを無視してはならない。コーパスを分析したところ、"adj＋起来"が"逐渐""渐渐""逐日"のような様態副詞と共起しやすいことが明らかとなった。"逐渐""渐渐""逐日"のようなものは事態が進展するとともに、その内実である変化が漸次的に拡大していくことを表す副詞である。

(7) 这两年，当地修道路、建花海，蔡老汉开起了农家乐，日子逐渐红火起来。（人民日报　2016/12/25）（この2、3年、現地の道路を整備し、花畑をつくり、郷土料理を出す店を開店し、蔡さんの生活はますます活気に満ちてきた。）

(8) 一入腊月，地里没活了，年味就渐渐浓起来，丰收的喜悦挂在乡亲们脸上，见了面格外客气，嘘长问短。（人民日报　2017/01/14）（師走に入ると、春節の雰囲気が濃くなってきて、豊作の喜びがみんなの顔に現れ、会うたびによそよそしく挨拶し合った。）

(9) 日子会一天天好起来的。（人民日报　2017/01/10）（生活は一日一日とよくなるだろう。）

　例（7）〜（9）における"adj＋起来"は"逐渐""渐渐""一天天"といった様態副詞の修飾を受けている。スコープの観点から見れば、そのような副詞の作用域は"adj＋起来"全体に及ぼしているので、表現のフォーカスが変化のプロセスを描写することにあると考えられる。ただし、そのような変化は漸次的に広がって大きくなるという含みがある。

　例（7）〜（9）のような意味関係に対して、次の例（10）〜（12）については同様に解釈してはならない。

(10) "包治百病"的量子医疗仪器……在"量子"概念的包装下，一个个普通商品立刻"神奇"起来。（人民日报　2018/10/17）（「万能」の量子医療機は、「量子」という概念によってイメージチェンジされて、一つの普通の商品がすぐに不思議になった。）

(11) 平静的清水河顿时热闹起来，喊叫声、击水声此起彼伏。（人民日报　2018/10/31）（穏やかな清水川は急に賑やかになってきた。水面をたたく音が絶え間なく伝わってきた。）

(12) 1985年起师从格洛托夫斯基的理查兹，同样注重让观众与演员在非典型剧场的空间里，迅速亲密起来。（人民日报　2018/11/08）（1985年からグロートフスキーリチャードのもとで、観客と俳優の非定型劇場での空間にも注目し、急速に「観客と俳優」は親密になった。)

例（10）～（12）における"adj + 起来"は"立刻""顿时""迅速"といった開始や起動を表す副詞の修飾を受けているので、フォーカスが変化の開始にあると思われる。ただし、一口に変化の開始と言っても、例（10）～（12）における副詞は開始を表すと同時に、起動にかかる時間の長さも表すのである。"立刻""顿时""迅速"といった副詞は非常に短い時間のうち動作が行われたり事態が発生したりするという意味を表すものにほかならない。しかし、例（13）については同様に解釈してはならない。

(13) 最后各种意见碰来碰去，一条发展生产的新路子终于清晰起来（人民日报 2006/06/21）（様々な意見を交換した結果、生産を発展させる新しい道がやっとはっきりしてきた。）

例（10）～（12）における"adj + 起来"と違って、例（13）における"adj + 起来"は"终于"という副詞の修飾を受けていることによって、時間や手間がかかって期待される変化が開始するという意味を表す。"adj + 起来"は"又""再次"のような副詞と意味関係を結ぶことがある。

(14) 冬天一过游客又会多起来，新年要多修几间客房。（人民日报 2017/01/06）（冬が過ぎると観光客がまた増えてくるので、新年には客室をもっと造らなくてはいけない。）

(15) 特朗普在竞选时才一再提出要让美国再次伟大起来。（人民日报 2017/01/09）（トランプ氏は選挙戦でアメリカを再び偉大にすることを何度も主張した。）

"又""再次"は同じことが繰り返されるという意味を表す副詞である。例（14）（15）における"adj + 起来"は、副詞"又""再次"の修飾を受けているので、状態が反復に出現することを表すのである。

しかし、同じ程度副詞でありながら、"更为""越发"といった程度副詞は"adj + 起来"の修飾語になりうるが、"很""非常""一点"のような副詞は"adj + 起来"の修飾語にはなりえない。なぜそのような違いが生じているのだろうか。原因は"很""非常""一点"などが程度の変化を表さず、もっぱら程度しか表さないのに対して、"更为""越发"などが程度や状態などが一層はなはだしくなるという変化の度合いを含んでいることに求められる。言い換えれば、"更为""越发"は比較の意味も含む相対程度副詞[2]であるため、変化を表す"adj + 起来"と共起できる。それに対して、"很""非常""一点"は絶対程度副詞であるため、変化を表す"adj + 起来"と意味関係を結ぶことができない。

(16) 在愈加火爆的母婴行业，家政市场更为紧俏起来。（工人日报 2017/01/19）（ますます盛んになってきた育児業界では、家事代行サービスがさらに追いつかない人気である。）

(17) 入秋以后，河北省廊坊市远村现代农业园区越发热闹起来。（人民日报 2018/09/02）

(秋になってから、河北省廊坊市遠村現代農業園区はますますにぎやかになってきた。)

　例（16）（17）における"adj＋起来"は程度副詞"更为""越发"の修飾を受けて形容詞の表す程度が前よりもっと高くなったという意味を表している。

　"adj＋起来"は"不"の否定を受けることが可能である。しかし、形容詞の前に"不"を置いて、"不高"（高くない）"不漂亮"（綺麗ではない）のように否定表現を構成するのではなく、"adj＋不＋起来"のように"不"が形容詞と方向動詞の間において機能しなければならない。ただし、完了表現の場合は、"没（有）＋adj＋起来"のように否定のマーカーが形容詞の前において機能するのである。

(18) 不能总在低层次上徘徊，否则就永远发达不起来。（人民日報　2000/01/11）（いつまでたっても、低次元で足踏みしてはいけない。そうしていれば、永遠に発展することができない。）

(19) 飞涨的农资价格'吃'了国家给的种粮补贴，农民种粮的积极性高涨不起来，开始抛荒外出打工。（人民日報　2017/01/22）（急騰した農業資金が国からの農業補助金を「食べる」ことになり、農民の穀物作りの積極性が上がらず畑を捨て、出稼ぎに出始めた。）

(20) 烧香磕头，不但没富起来，反倒成了远近闻名的贫困村。（人民日報　2017/01/15）（焼香をして頭を地につき、金持ちになれなかったばかりでなく、かえって有名な貧困村となった。）

　例(18)(19)(20)に示すように、打ち消しの意味を表す"不"は形容詞としての"发达""高涨"と動詞としての"起来"の間に現れなければならない。"adj＋不＋起来"という構造では否定副詞"不"の作用域が"起来"に限定され、それが"起来"を否定することによって形容詞の表す状態がなかなか始まらないことを表すのである。つまり、フォーカスは変化の開始にある。それに対して、例（20）における"没（有）＋adj＋起来"は否定副詞"没有"の作用域が"富起来"全体に及んでいると認めなければならない。そのような表現ではフォーカスが変化の結果にあると思われる。

4.「adj＋なってくる」と副詞との関わり

　日本語の形容詞は変化を表す場合、必ず「adj＋なってくる」のように動詞の「なる」の介入がなければならない。

　命題の違いによって、変化を表す「adj＋なってくる」はさらに変化の過程を表す「adj＋なってくる」と変化の結果を表す「adj＋なってくる」のように分けて考えられる。ただし、「adj＋なってくる」が変化の「過程」を表すか、または変化の「結果」を表すかについて考える場合、副詞の役割を無視してはならない。というのは、副詞との共起によって「adj＋

なってくる」の意味特徴がいっそう鮮明になるからである。
　コーパスを分析したところ、「adj＋なってくる」が進展様態型[3]の副詞と共起しやすいことがわかった。具体的に言えば、事態が進展するとともに、その内実である変化が漸次的に拡大していくことを表すのである。

(21) 空がだんだん明るくなってくる。(社会科学　日本の原爆記録　11　家永三郎　日本図書センター　1991)

(22) 夜空に広がる星座の名前を覚えると、星空への興味はますます強くなってくる。(自然科学　望遠鏡・双眼鏡で楽しむ星空　図で分かる星雲・星団の見つけ方　栗田直幸　ナツメ社　1998)

(23) そうした本来の抵抗力や免疫力が、老化と共にしだいに弱くなってくるため、がんの発生を封じることができなくなるのです。(産業　ペットの万能薬　薬を超えたクスリ・バームの不思議　小宮山典寛　ビックサクセス；ぶんぶん書房（発売）2000)

(24) 自分のクルマが快調に走るようになると、どんどん面白くなってくる。(CAR BOY　八重洲出版　2001)

(25) 南下する母の背中から、これらの街の空は、やがて少しずつ明るくなってくるのである。閉塞された世界は苦しい。(父への恋文　新田次郎の娘に生まれて　藤原咲子　山と渓谷社　2001)

例（21）～（25）における「adj＋なってくる」は「だんだん」「ますます」「しだいに」「どんどん」「少しずつ」といったいわゆる進展の様態を表す副詞の修飾を受けて、変化の過程を表していると思われる。ただし、それらの副詞と意味関係を結ぶことによって、「adj＋なってくる」の表す変化は臨場感があふれるようになることは否めない。例（21）～（25）のような文における「adj＋なってくる」と副詞との意味関係について言う限り、話し手のフォーカスが変化の過程にあると思われる。

　「adj＋なってくる」は進展様態型の副詞の修飾を受けるほか、程度副詞の修飾も受けられる。具体的に言えば、「adj＋なってくる」は「十分」「非常に」「少し」といった程度副詞の修飾を受ける場合、変化の結果を表すことになるのである。ただし、話し手のフォーカスが変化の過程にある「adj＋なってくる」と違って、変化の結果を表す「adj＋なってくる」は条件節に用いられることが多い。

(26) 五月初め、気温が十分高くなってくるころ、冬の間に硬くなった土を耕し、一面に水を張る。(例（3）の再掲)

(27) 幸福の科学という団体が、現在のように非常に大きくなってくると、総裁である私には少し不本意なところもあります。(ユートピア創造論　人類の新たなる希望　大川隆法　幸福の科学経典部　1997)

(28) もう少し暖かくなってくると、春コート未満の、軽量羽織りものが役立ちます。注目は、シャツワンピースの前を開け、羽織りものとして取り入れるファッション。（例（4）の再掲）

(29) 六合目で無念の走行停止　上り坂が少しきつくなってくると、どこかがこげているような臭いがし出した。（レジャー／趣味　ラジコンマガジン（第25巻第10号、通巻312号）八重洲出版　2002）

　例（26）～（29）における「adj＋なってくる」は程度副詞の「十分」「非常に」「少し」の修飾を受けているので、述語の程度性も表現のフォーカスであると認められる。ただし、例（26）～（29）のような文環境においては、「adj＋なってくる」が副詞としての「非常に」「少し」とともに条件節を構成しているため、変化の結果が主節の表す事柄の成立条件にもなると認められる。さらに詳しく述べれば、例（26）の従属節における「気温」が「十分」な程度に到達することが主節の表す「土を耕し、水を張る」という事柄の成立条件となるのである。例（27）（28）（29）についても同様に解釈することができる。

　例（26）～（29）に対して、次の例（30）～（32）における「adj＋なってくる」は従属節を構成するのではなく、主節の一部として機能したり単文に用いられたりするものである。

(30) これから繰り返していきますと、当然、地域経済に対する影響というのは非常に大きくなってくると思います。（国会会議録　第159回国会　2004）

(31) これからかなり長期にわたりましてこの問題は大変大きくなってくると思います。（国会会議録　第104回国会　1986）

(32) 十九歳から二十一歳ほどの女子学生になると少し生意気になり、少し危険になってくる。この連中は大きく分けると〈ムード的虚無型〉と〈インテリ女性ぶり型〉の二つになる。（ぐうたら愛情学　遠藤周作　1975）

　意味論の観点から見れば、例（30）～（32）のような主節の一部として機能する「adj＋なってくる」は程度副詞「非常に」「大変」「少し」の修飾を受けて、条件節として機能する例（26）～（29）における「adj＋なってくる」と大差がない。そしてその時間特徴から見れば、変化の開始や変化過程にあるのではなく、変化の結果にあると考えられる。

　また、「急に」「急速に」「ようやく」「やっと」のような、いわゆる起動への時間量[4]を表す副詞について、本稿では「急に」「急速に」が起動への時間量を表すものとして認め、「ようやく」「やっと」が実現・成立の手間や時間の長さを表すものとして認める。ただし、「ようやく」「やっと」は期待感を込めた意味も含まれていることを見逃してはならない。

(33) 陽が翳ると、冷えが急に厳しくなってくる。（釈迦の女　澤田ふじ子　幻冬舎　2004）

(34) 上空を見回すと、攻撃機は急速に大きくなってくるところだった。すぐにも射撃態勢に入りそうだ。（天界に幸多からんことを　斉藤英一朗　朝日ソノラマ　1987）

例（33）（34）に示すように、「adj＋なってくる」は「急に」や「急速に」のような様態を表す副詞の修飾を受けて前触れがなく突然発生するという時間的特徴を表すことが可能である。具体的に言えば、例（33）の述語と例（34）の述語は副詞の「急に」「急速に」の修飾を受けることによって、寒さや飛行機の大きさが早いスピードで変わるという意味を表すようになるのである。また、次の例（35）（36）に示すように、「adj＋なってきた」は「ようやく」や「やっと」のような実現・成立の手間や時間の長さを表す副詞の修飾を受けることが可能である。

(35) そうしたきびしい冬が過ぎて、ようやく暖かくなってきた。(『紺碧の艦隊』の読み方4 荒巻義雄 徳間書店 1994)

(36) (単調なリハビリメニューから) やっと面白くなってきた感じ」と、ボールがけれるところまで回復していることを明かした。(中日新聞 中日新聞社 2002/05/02)

例（33）（34）における「急に」「急速に」と例（35）（36）における「ようやく」「やっと」の表す所要時間は対立していると思われる。「ようやく」「やっと」は時間や労力がかかって実現したり成立したりする意味を表すものである。そのため、例（35）（36）における「adj＋なってくる」は時間や労力がかかった末、待ち望んだ事態が実現するという意味を帯びるようになるのである。

さらにもう一つの現象を見逃してはならない。それは、日本語における「adj＋なってくる」は否定表現を伴わないということである。上記のすべての「adj＋なってくる」は「adj＋なってこない」のように置き換えて言うことができない。

5. 対照分析

この節では、習得研究の観点から"adj＋起来"の意味・用法と「adj＋なってくる」の意味・用法について、副詞と関連づけて対照分析を行う。具体的に、副詞の修飾を受けた述語の作用域は変化の過程にかかるか、変化の開始にかかるか、さらに変化の結果を表すか、反復を表すかということに焦点を当てて、対応・非対応関係を浮き彫りにする。まず、変化の過程を表す"adj＋起来"と「adj＋なってくる」の類似点や相違点を見る。

(37) 別れのときがやってきた。あたりがだんだん明るくなってくる。(志鳥栄八郎のオーケストラ名曲大全 志鳥栄八郎 音楽之友社 1994)

(37′) 分別的时刻到了，周围渐渐亮了起来。[5]

(38) 瞳子は、右手が徐々にあたたかくなってくるのを感じた。重ねた手が熱を帯びてくる。(文学 風恋記 六道慧 富士見書房 1991)

(38′) 感到瞳子的右手逐渐温暖起来。握着的手带着温度。

日本語における「adj＋なってくる」を見ても中国における"adj＋起来"を見ても、ともにいわゆる進展様態副詞と共起することができる。例（37）（38）も例（37′）（38′）も述語が進展様態副詞の修飾を受けるものであり、どちらも臨場感を感じる表現である。このことから、日本語における「adj＋なってくる」と中国における"adj＋起来"は進展様態副詞の修飾を受ける場合、ほぼ対応すると思われる。ただし、目のつけどころの違いによって、時間や手間がかかる副詞が用いられたり、逆の意味を表す副詞が用いられたりするのである。

　　　(39) 平静的清水河顿时热闹起来，喊叫声、击水声此起彼伏。（例（11）の再掲）
　　　(39′) 穏やかな清水川は急に賑やかになってきた。水面をたたく音が絶え間なく伝わってきた。

　前述したように、"adj＋起来"も「adj＋なってくる」も起動にかかる時間を表す副詞の修飾を受けることができる。ただし、命題が起動にかかる時間が短いということであれば、「急に」「急速に」"顿时""立刻"のような副詞が用いられ、命題が起動にかかる時間が長いということであれば、「ようやく」「やっと」"总算""终于"のような副詞が用いられる。

　　　(40) そうしたきびしい冬が過ぎて、ようやく暖かくなってきた。（例（35）の再掲）
　　　(40′) 寒冬一过，总算暖和起来了。

　例（40）（40′）に示すように、起動にかかる時間が長ければ、日本語では「ようやく」や「やっと」のような副詞が用いられ、中国語では"总算"や"终于"のようなものが用いられる。このように、日本語と中国語は構造的にも意味的にも対応しているのである。

　次は、反復を表す"adj＋起来"と「adj＋なってくる」について対照分析を行う。

　　　(41) 冬天一过游客又会多起来，新年要多修几间客房。（例（15）の再掲）
　　　(41′) 冬が過ぎると観光客がまた増えてくるので、新年には客室をもっと造らなくてはいけない。

　例（41）（41′）における"又"や「また」は後続の"adj＋起来"と「adj＋なってくる」を修飾し、そのような意味関係の形成によって述部に変化の状況が反復に出現するという意味を表すことになる。このことからも、反復を表す場合の"adj＋起来"と「adj＋なってくる」は構造的にも意味的にもほぼ対応していると思われる。

　以上は"adj＋起来"「adj＋なってくる」と副詞とのかかわりについて、共通点をみてきたが、以下では相違点を取り上げる。日本語における「adj＋なってくる」はいわゆる「絶対程度副詞」と共起しやすい。しかし、中国語における"adj＋起来"はいわゆる「絶対程度副詞」と共起しにくい。

　　　(42) もう少し涼しくなってくると、魚が旨くなってきます。（Yahoo!ブログ／家庭と住まい／住まい）
　　　(42′) *（天气）有点儿（很）凉起来，鱼会变得越来越好吃。
　　　(42″) （天气）再稍微凉一些（凉一凉），鱼会变得越来越好吃。
　　　(43) これからかなり長期にわたりましてこの問題は大変大きくなってくると思います。（国会会議録　第104回国会　1986）

(43′) *经过相当长的时间后，这个问题会很（非常）严重起来。

(43″) 经过相当长的时间后，这个问题会很（非常）严重。

　例（42）（43）に示すように、「adj＋なってくる」は「少し」「大変」のような、いわゆる「絶対程度副詞」の修飾を受けることが可能である。しかし、例（42′）（43′）のような訳文に示すように、"adj＋起来"は"有点儿""很"のような、いわゆる「絶対程度副詞」の修飾を受けることが不可能である。日本語のいわゆる「絶対程度副詞」は「adj＋なってくる」の修飾語となり、ある程度の到達点に達し、その変化結果を表すという意味・機能をもっているが、中国語における"有点儿""很""非常"といった「絶対程度副詞」は程度の変化を表さず、もっぱら程度そのものしか表さない。そのため、変化の結果を表す「adj＋なってくる」の修飾関係は"adj＋起来"と対応しないと思われる。ただし、日本語の「adj＋なってくる」は「絶対程度副詞」を伴う場合、条件節として機能することもできれば、主節の一部として機能することもできる。また、否定を表す場合も「adj＋なってくる」と"adj＋起来"は非対応関係にある。

(44) 养老是个让人轻松不起来的话题。（人民日报　2016/12/27）

(44′) 老後問題は気が抜けない話題である。

(45) 当国有经济部门还没有成熟起来的时候，中国绝对不能这样做。（人民日报 1999/11/17）

(45′) 国有経済部門がまだ成熟していない時、中国は絶対にそうするわけにはいかない。

　否定を表す場合の"adj＋起来"は"adj＋不＋起来"と"没（有）＋adj＋起来"のように二つのパターンがある。いわば、否定副詞が形容詞と動詞の間に現れたり形容詞の前に現れたりするのである。ただし、否定副詞が形容詞と動詞の間に現れる場合も"不"の作用域が"adj＋起来"全体に及ぶので、後続の"起来"のみ否定するわけではない。"adj＋起来"のそのような打ち消しのパターンに対して、「adj＋なってくる」は打ち消しの意味を表す場合、動詞の語尾変化によって実現されるのである。ただし、例（44）（45）のような意味内容は日本語では「adj＋なってくる」を用いないのが普通である。そもそも「adj＋なってくる」は「adj＋なってこない」のような否定形を持たないのである。

6. まとめ

　中国語における"adj＋起来"も日本語における「adj＋なってくる」も動的意味を表すものである。中国語の形容詞は直接に動詞の"起来"と意味関係を結ぶことができるが、日本語の形容詞は直接に補助動詞の「〜てくる」と意味関係を結ぶことができない。動詞の「なる」の介入がなければならない。

　進展様態副詞の修飾を受ける"adj＋起来"と「adj＋なってくる」はともに変化の過程を

表す点においては似通っている。そのうえ、"adj＋起来"も「adj＋なってくる」も副詞の修飾を受けることによって、反復の意味を表すことが可能である。

しかし、"adj＋起来"は"很""有点"のような、いわゆる「絶対程度副詞」と共起しにくいが、「adj＋なってくる」は「少し」「大変」のような、いわゆる「絶対程度副詞」と共起しやすい。ただし、「adj＋なってくる」はいわゆる「絶対程度副詞」と共起する場合、副詞の作用域が変化の結果にある。

否定表現において、"adj＋起来"は"adj＋不＋起来"と"没（有）＋adj＋起来"のように、二つのパターンを持っている。それに対して、日本語における「adj＋なってくる」は否定形で用いられることがないようである。

注

[1] 中国語では"趋向动词"と呼ばれるが、日本語では「方向動詞」と呼ばれている。丸尾誠（2014）では"起来""下去"が「方向動詞」「方向補語」として位置づけられている。
[2] 王力（1985:131-132）では、"很""非常""十分""有点"といった副詞を"絶対程度副詞"と呼ばれている。"更加""越発""稍微"といった副詞を"相対程度副詞"と呼ばれている。
[3] 仁田義雄（2002:241）では「〈進展様態型〉は、時間の展開に従って、事態が進展していき、その進展とともに、事態の内実である変化が漸次的に拡大していくことを表しているものである。」と述べている。
[4] 「急に」「急速に」「やっと」「ようやく」のような副詞について「起動への時間量」を表すものとして位置づけられている。詳しくは仁田義雄（2002:246）を参照されたい。
[5] すべての用例の翻訳は筆者の責任においてなされたものである。

参考文献

陈　忠（2009）　《汉语时间机构研究》，世界图文出版公司
史金生（2011）　《现代汉语副词连用顺序和同现研究》，商务印书馆
王　力（1985）　《中国现代语法》，商务印书馆
张国宪（2006）　《现代汉语形容词功能与认知研究》，商务印书馆
张亚明、赵艳（2007）　论 adj＋起来中的突变义和渐变义，《郧阳师范高等专科学校学报》
内山潤（2011）　補助動詞「テクル」「テイク」のアスペクトについて、『金城学院大学論集　人文科学編』7（2）：1-13
温雅珺（2001）　中国語の「起來／下來／下去」におけるアスペクチュアルな意味用法——日本語の「てくる／ていく」との対照研究，『大阪大学言語文化学』10
鈴木基伸（2012）　変化的事象を捉えるテクル・テイクはそれぞれ何を表すか：程度性・進展性という概念を用いて、Nagoya linguistics 6：43-54
戦慶勝（2016）　『中国語と日本語における目的表現の対照研究』、白帝社
寺村秀夫（1984）『日本語のシンタクスと意味Ⅱ』、くろしお出版社
中谷健太郎（2008）　テクル・テイクの動詞共起制限の派生、『レキシコンフォーラム 4 特集　複合動詞と複雑述語』、ひつじ書房
仁田義雄（2002）『副詞的表現の諸相』、くろしお出版

丸尾誠（2014）　『現代中国語方向補語の研究』、白帝社
山本裕子（2007）〈主観性〉の指標としての「～テイク」「～テクル」、『人文学部研究論集』(17)：67-81
吉川武時（1976）現代日本語動詞のアスペクト研究、金田一春彦編『日本語動詞のアスペクト』、むぎ書房
梁　玥（2017）　現代中国語における"adj＋下去""adj＋起来"の意味と時間性について、『鹿児島国際大学大学院学術論集』(9)：83-93
梁　玥（2018）　「adj＋なってくる」と副詞とのかかわり、『鹿児島国際大学大学院学術論集』(10)：23
渡辺誠治（2001）「ていく／てくる」のアスペクトに関する覚書、『活水論文集』日本文学科編 44：50-42
渡辺誠治（2005）「テイク／テクル」の分類をめぐって、『活水論文集』日本文学科編 48：102-84

话说汉语走向世界

——2019年 汉语与汉语教学学术座谈会

（2019年8月5日樱美林大学。左起杭州师范大学齐沪扬教授、樱美林大学杨光俊教授、北京大学陆俭明教授、北京大学马真教授）

杨光俊（杨）：陆老师最近在商务印书馆推出新作《话说汉语走向世界》，对汉语的国际推广很有指导意义，我们借此机会向陆老师表示热烈的祝贺。这次座谈会也想借陆老师的东风，围绕"汉语走向世界"这一话题请各位进一步展开讨论。齐老师曾开发过旅游HSK试题，为汉语走向世界做了积极贡献。马老师在汉语走向世界的过程中，从留学生的课题中不断探索和解决各种语法问题。我们刊物《汉语与汉语教学研究》以往围绕学术问题比较多，而汉语走向世界也是我们汉语教育工作者重要的工作内容之一，所以这次想围绕"汉语如何走向世界"这一课题做些讨论。

下面请各位畅所欲言。还是请陆老师先谈一下好吗？

陆俭明（陆）：谢谢。商务印书馆总编辑周洪波委托我写这么本书，希望我能通俗地做些讲解，好让国外更好地了解汉语和汉语教学。其实我不像齐老师那样有着丰富的汉语教学经验，我并没有怎么直接去参与汉语教学。我直接参与的教学算起来只有那么几次。一次是在日本姬路独协大学待了一年（1997年4月1日至1998年3月31日）。大学让我分别为研究生开两门课，为本科生上一门课。在美国也教过两次课，一次是在斯坦福大学（1981年），另一次是在俄亥俄州立大学（1987年）。两次都去了三个月，也都上三门课，两门研究生、博士生的课，一门本科生的课。还有一次是到韩国延世大学待了一个学期。同样也是上两门研究生、博士生的课，一门本科生的课。我总共就上过这么几次课。当然我比较关注汉语教学，国际汉语教学研讨会自80年代初举办以来我几乎每一届都参加。在这个过程中我感到汉语应该走向世界，汉语确实也需要走向世界。因为我们是这么大一个国家，特别是现在影响又比较大。当然不是说你想走向世界就能走向世界的。

杨：您在书里也谈到几个根本条件。

陆：对。不是说想走向世界，宣传一下就走向世界了。走向世界有各种渠道，最重要的就是要通过汉语教学这个渠道。汉语教学要采取科学的态度。所谓科学的态度，其中之一，就是说在教学过程中必须要考虑怎么教最有成效。

我一直强调汉语教学要以科研引航。虽然新中国成立以来就有汉语教学，但是真正大规模地开展汉语教学还是80年代以后的事。开展的时间毕竟还很短，有许多问题来不及思考，思考得也不够。汉语教学是一门科学，是一个独立的学科，不是只要能说普通话就能把外国学生教好的。所以我们一直主张汉语教学必须以科研引航，强调要进行基础性的研究工作。譬如说，不管学生来自哪个国家，不管学生的母语是哪个语种的，我们该教给学生多少汉字，具体是哪些汉字；该教给学生多少词汇，具体是哪些词汇；该教给学生多少成语，具体是哪些成语；该教给学生多少语法点，具体是哪些语法点；再有，哪些该先教，哪些该后教，递增率该是多少，复现率该是多少。这都是汉语二语教学最基础的研究内容。这项基础研究工作做好了，对汉语教材的质量和科学性才会有一个评判的标准。这些问题都不是拍拍脑袋就能解决的。可是，在错误思想的影响下至今不重视这类基础研究。根据厦门大学苏新春教授所率领的一个研究团队对国内十本公认的比较有影响力的汉语教材使用的字、词统计所获得的的数据看，十本汉语教材所出现的字、词，其共用字种、词种的比例极低，竟不超过20%（具体数据见《2006中国语言生活状况报告》，商务印书馆，2007年）。这说明各个教材编写者对该教给学生多少字、词，哪些字、词，心中无数，都只是凭自己经验而定。而这将严重影响汉语教学的成效与质量。

我们应该好好做些基础工作。很可惜基础工作一直到现在都没怎样好好开展。语法教学的情况也是如此。语法教学在汉语教学里边到底需要什么样的大纲？过去北京语言大学的赵淑华做过一些句型调查。北京语言大学对外汉语研究中心原主任孙德金教授，是齐沪扬教授的博士生，前几年曾提出要搞一个语法大纲，可惜他去世了。现在让人感到欣慰的是，孙德金的导师齐沪扬教授从前年开始领着一个研究团队搞这个项目。我们希望能够做出一个实用的、高水平的语法大纲来。基础性研究工作做起来不容易，进度不会很快，过程会很慢，而且要不断修订。但是总得要有人搞啊。

还有一点，我认为汉语教学的核心内容应该是语言教学而不是文化教学。文化教学不是核心的而应是伴随性的。古今中外所有的外语教学都伴随着文化教学。文化教学有两种情况，一种是知识性的文化，需要设置一定的文化课程来教，譬如可开设中国文化概论、中国历史与国情、中国文学史一类课程。不管是英语还是俄语、日语，一般来讲最起码会有两门课，一门是这个国家的历史,一门是这个国家的文化,还可能会开设文学概论课。比如说日本史,日本文化概论,日本文学概论等等。

文化里边包括了思想,更重要的是理念、人生观、价值观以及思维方式等内容。这一类文化不妨称之为"软文化"。软文化不是靠说教就能传递给人家的,而往往是要伴随在语言教学里的。我曾多次讲过,我们可以去看看英语的文化教学,《基础英语》里边讲的就是一个个小故事,但每个小故事里都渗透了西方人的思维方式和人生观、价值观,体现了人与人的关系。我很赞成赵金铭教授说过的一句话:文化教学要"随风潜入夜,润物细无声"。事实上外语专业的学生在掌握一门外语的同时,不知不觉地都会接受这种语言所属的民族和国家的思想观念、思维方式,还会带出一种自然流露的情感。学英语的往往对美国、英国会有一种很深的情感,学日语的也会对日本产生情感。这种情感怎么来的呢?就是在教学中不知不觉产生的。

我觉得我们现在搞的文化教学还有待真正去思考和研究,如何在我们的教材里边渗透我们的文化观念。10月份在长春有个会,专门谈文化的传播问题,我和马老师准备就这个文化传播谈谈看法。文化传播首先具有必然性,即文化传播是个必然的现象。这由文化的"动态性"决定的。文化的动态性,体现在两方面:一是从纵向看,文化是人类社会历史发展的积淀物,具有时代性。这跟人类对客观世界、对自身的认识不断变化与深化有关。因此任何民族与国家的文化都具有历史传承与发展的特性与印记。二是从横向看,文化具有民族性、地域性,同时不同民族与国家之间的相互接触又必然会导致文化的相互交流。

同时文化传播具有双向性,即任何民族任何国家都希望将自己的文化往外传播,让其它民族、其他国家了解、认可乃至认同;同时任何民族任何国家也都需要了解别的民族、别的国家的文化,从中吸取自己需要的营养,以不断丰富、发展自己民族、自己国家的文化。

正是文化传播的"必然性""双向性",导致不同民族、不同国家之间文化的相互交流。而不同民族、不同国家之间文化的互相交流,无论从哪方面说,都会对各个民族、各个国家乃至对整个人类社会的发展带来极大的好处——既有输出也有输入,人类社会就是在这种互相接触和互相交流中不断地发展出新的文化。

对汉语教学中的文化传播问题,我是这样想的,在汉语教学中过多的强调文化,其效果会适得其反。人家会敏感地担心你是不是在搞文化侵略。一旦有这种想法,就有产生抵触情绪。

再有一点就是要重视书面语的教学。外国人学国外的语言,一般有两部分人。一部分人只学一点口语就行了,比如我要到法国去旅游,最好要学几句法国的口语,到日本来玩儿,学几句"すみません"什么的就够了,别的也不想学,这种是面向旅游的。还有一种是要了解这个国家的文化,这一定要下功夫去真学。

汉语真的要走向世界,必须要让越来越多的人掌握汉语书面语。因为中华文化真要走向世界,除了语言、文化自身的魅力和感染力之外,还要靠各个国家的汉学家、汉语教师、中文翻译人才来翻译、介绍中国的文化。我们要换位思考,我们了解世界各国的文化,不是靠自己去学了一门门外语,去看各国的原著才达到的;主要是阅读了、观看了通过中国的各种英语、日语、俄语的翻译家介绍、翻译的成果才了解到的。那么中华文化要真正走向世界,也一定要走这个路子。所以,汉语要走向世界,中华文化要向世界各国传播,汉语教学就必须重视书面语教学，培养尽可能多的汉学家与中文翻译。

汉语走向世界也好，中华文化走向世界也好，还有一点很重要，那就是对方得有这个需要。比方说法国在18、19世纪的时候，全球各地很多国家的宫廷也都学法语，喜欢法国文化。那是因为那时候的法国，一是国家强大，二是他们创造了很多精神财富，法国的哲学思想、法国的小说、诗歌，以及法国人的彬彬有礼，吸引着人家，成为大家学习的典范，成为世界各国上层人士的需要；于是大家跟着学。人家需要你的东西，他就会学。那怎样让人家需要呢？很重要的一点就是国家要强大，国民素质要好。人见人爱的话大家都愿意学。因此，汉语真要走向世界，国人的素质，国人在国际上的形象，非常重要。我在我的《话说汉语走向世界》里也谈到，如果你出去老是随地吐痰、大声说话，不排队，喜欢占小便宜，人家会觉得难受，就会看不起你。一旦人家看不起你，怎么会来学你的汉语啊？他就不会有学汉语的动力。中国人好，各国民众都喜欢中国人，大家就会发自内心地积极学习汉语。

我曾当了六年两届世界汉语教学学会会长，这个工作让我跟国内和国外的汉语学界接触比较多，了解也比较多，而且比较广泛，我上述观点与理念也就越来越强烈。

杨：谢谢陆老师的精彩发言。接下来请马老师、齐老师谈谈。

马真（马）：老陆当过几年会长，这方面多少有些发言权，而我是真正的门外汉。还是请齐老师先说吧。

齐沪扬（齐）：那我就顺着陆老师讲的谈谈。其实我做对外汉语教学的时间也是不长的，2004年我们上海师范大学对外汉语学院成立的时候，学校里让我担任这个学院的院长。陆老师特意从北京飞过来，代表世界汉语教学学会给学院成立做了贺词。我每次谈到学院发展的时候，我都会引用陆老师的致辞。陆老师关于对汉语走向世界的观点，我非常赞同。

我这里讲三点体会。第一点先讲讲我们办的杂志《对外汉语研究》。记得2005年的举办过一个世界汉语大会，陆老师比较熟悉。

陆：对，2005年有一个世界汉语大会。

齐：世界汉语大会当时要求各个出版社把他们的教材和有关汉语的书拿出来展示。当时商务印书馆和北大出版社都没有出版专门的有关汉语教学的杂志。北大出版社准备推出北京大学对外汉语教育学院李晓琪他们的杂志《汉语教学学刊》。商务印书馆总编周洪波找我，希望和我们上海师大合作办个杂志，让我起个名字。我们最后就商量好创办《对外汉语研究》。05年世界汉语大会的时候，两个出版社的书在大门的两边展示，两本杂志分别代表了两个出版社。从05年到现在2019年，15个年头过去了，我们这本书现在还在出，而且一年出两期，已经出版了20期了。后来南京大学评价中心还把我们这本杂志列为了C刊，这是对我们杂志的认可和鼓励。我们编杂志的过程中真正地意识到陆老师所说的要重视科研引航的力量这句话的真正含义。对外汉语本身是一门学科，在这门学科中教学是一个大任务，科研非常重要。假如没有科研的支撑，教学肯定是走不远的；假如没有科研的支撑，我们这本杂志也不可能坚持到现在，也不可能在学界发挥一定的影响。多年来，我们的杂志一直有两大板块：汉语本体研究和对外汉语教学研究。我们的稿源来自世界各地,建立了完善的审稿制度,所有的稿件都匿名送交外审,所以杂志的质量得到学界的公认和好评。

第二点体会就是杨老师刚才提到的 HSK(旅游)研发的事情。HSK 旅游是 2003 年国家汉办招标时的项目。当时国家汉办面向全国各高校招标两个专项 HSK 的研发,一个是 HSK(旅游),一个是 HSK(商务)。全国有 20 多所高校参加了竞标,最后我们上海师大投标中了 HSK(旅游),北大中了 HSK(商务)。陆老师作为专家,也多次参加我们当时研发时候的各种会议,参加过评审会、中期检查会等等。对于我们这些研发者来说,有这样的机会是不容易的,参加这样大型的研发工作,对自己的科研能力的提升,肯定是有帮助的。将近两年的高强度的研发工作,课题组做了很多事情,就像鉴定会上专家组给予课题组的肯定一样:"HSK(旅游)是一项很有意义的考试。它指导思想明确,总体设计合理,达到了较高的信度、效度,实现了试卷等值,可以准确测试出考生在旅游工作及相关社会活动中应用汉语进行交际的能力。该考试吸取了 HSK 主干考试的优点,在严格细致的需求分析的基础上,制定了功能大纲和专业词语表,使命题工作具有科学性。该考试突出了旅游汉语的使用特点,在试卷结构、题型设计、成绩解释及成绩单设计、分散预测等方面均显示出自己的特色。"可以这么说,HSK(旅游)的研发过程锻炼了一支研发队伍。这支队伍具有相当水准的专业背景,具有较为全面的知识结构,更重要的是具有一定的科研能力:他们懂得测试的基本原理,了解试题的生产程序。最主要的是通过研发,大家意识到了做测试的重要性,因为这也是汉语走向世界的一个很重要的环节。我们是在做标准,有了合适的标准,别人会更好地进行测验,也会激发学习汉语的热情。我想当时开发旅游汉语和商务汉语,也是对原先的 HSK 作点促进。现在开发的新 HSK 在科学性和严谨性上面,应该说有了一定的提高。当然新 HSK 还有很多需要改进的地方,这也是促使我们申报 2017 年重大课题的一个因素。

第三点体会就是,我们要把汉语推向世界,我们要把自己的学科做好。2017 年我在杭州师范大学申请的国家社科基金重大项目,名称是"对外汉语教学语法大纲研制和教学参考语法书系(多卷本)"。语法项目的重大课题立项不多,这个项目立项了学界和课题组都很珍惜。2018 年 4 月,开题的时候专家组提了一些建议,促使我们对这个重大课题的最终成果做了一些更改和补充。其中有一个建议就是陆老师刚才说的要重视汉语书面语的教学相关的。专家组建议我们除了做分级大纲外,还要做分类大纲。我们现在在做一个书面语大纲,一个口语大纲。口语大纲和书面语大纲现在都没有。关于书面语大纲陆老师在《话说汉语走向世界》的书里也讲到很多,也非常重要。怎样通过书面语大纲,让外国人了解中国人的雅言?他怎么来获得中国的雅言这个技能?这是书面语大纲要考虑的问题。口语大纲其实也很难。什么是口语,什么是书面语?目前样条已经做出来了,样式也基本确定了,看看两年以后能不能拿出来,如果能拿出来的话也是对汉语走向世界的一个推进吧。

在做大纲的过程当中,我们深切地意识到以往研究和教学中的不足,也看到了今后应该努力的地方。以往的大纲大多数是靠专家干预来形成的。专家干预来自两方面,一方面的专家是对外汉语教学方面的专家,他们有感性经验,但缺乏理性认识;另一方面是来自母语语法教学方面的专家,这方面的专家有理论知识,缺乏实践经验。我们的大纲研制参考了很多新的研究成果，比方说通过中介语语料库的材料把握学生的习得情况，利用教材库资料展开分析等等。这样的大纲做起来会更加地科学，也会把汉语走向世界这个工作往前推进。另外我们还注意到了目的语国家的汉语教学，和非目的语国家的汉语教学不一样。我们做的大纲，主要是针对目的语国家的汉语学习者的。非目的语国家的汉语教学，汉语测试等研究实际上有很多可以值得做的地方。比如说日本的汉语教学，日本的汉语教学有日本教学的规则，和我们国内肯定不一样，我觉得日本老师应该有能力有义务把它总结出来。为了把大纲做好，我们现在也在做一个小型调研，将目的语国家的汉语水平获得，和非目的语国家的测试情况进行对比，这是我们做分级大纲时的一种做法。我想，把我们的各项研究做得规范化、科学化了，汉语走向世界也一定会加快步伐。

杨：接下来请马老师分享一下您的看法。

马：我没有从事过真正意义上的对外汉语教学。90年代，姬路独协大学的伊井教授利用学术休假来北大中文系进行为期一年的学术访问，博士生山田也同时在北大中文系访学一年，他们都选听了我和陆老师的课。他们在北大访问期间，提出希望和我一起编一套汉语教材。我答应了。具体做法是，他们按照教材大纲写出课文来，我帮他们修改，并帮着设计、撰写各个课文的语法点。就这样，最后在日本出版了名为"跟马老师学中国语"的汉语教材。

陆：是伊井健一郎和山田留里子两位编的那本教材。

马：对，陆老师1997年4月至1998年3月应邀到姬路独协大学任教一年。1997年7月，我在北大的教学工作结束之后，也来到了姬路独协大学陪伴陆老师。伊井健一郎教授就请我用我们合作编写的汉语教材上两个月汉语课，他风趣地说："让真正的马老师来给学生讲一讲。"这样，就算我也接触过"汉语教学"。实际上我的汉语教学仅仅和这本书有一点联系。应该说，在汉语教学方面我是一个门外汉。

我和陆老师是1960年毕业留校任教的。80年代初，我们中文系主管教学的副主任安排我给汉语专业本科三年级学生开设一门新的专题课"现代汉语虚词研究"，同时要我给中文系的汉语言文学专业留学生班开设"现代汉语虚词"专题课。这两门课，对象不同，教学要求不同，教学内容、教学方法也不一样。在给留学生班的教学过程中，明显感到虚词课对他们很重要。而从留学生的说话和所做的练习中发现，他们常常虚词使用不当，出现偏误，如语气副词"并"和"又"使用上的偏误，副词"反而"使用的偏误，副词"按说"使用的偏误，究其原因，很多时候不是他们不了解这些虚词的基本语法意义，而是不了解这些虚词的具体用法，特别是不了解这些虚词使用的语义背景，而这方面又没有现成的参考书。我最早就是从这里开始意识到对外汉语教学上的一些问题，并觉得必须加强对外国学生词语用法，特别是词语使用的语义背景的教学。

我的虚词研究也是从运用的角度出发的。科学研究的最终目的是为了应用。既然发现了外国同学在虚词运用中的问题，又觉得学界对此研究不够，就感到我们就应该从两个方面去展开研究。我的现代汉语虚词研究也从这方面获得启迪。

杨：老师们讲得都很好。陆老师说要做好基础工作，不管是词汇还是语法，教多少，教哪些，哪个在前，哪个在后都要考虑到。词汇递增率、复现率也应受到重视。厦大的舒老师统计教材发现共现的字和词竟然没超过20%，这是一个很大的问题。我们日本这边也存在着教材随意性强的问题。

齐老师您的发言我也感受很深，目的语国家的汉语教学和非目的语国家的汉语教学其实是不一样的。这很值得重视。

陆：是的。在国内我们叫对外汉语教学。那里有大环境，而在非目的语国家是没有这个教学环境的。教法和其他各个方面都不一样。

杨：我们在日本开展的是非目的语国家的汉语教学。值得自豪的是孔子学院这十几年的教学都能确保学生的学习效果。前十年做的一年制汉语特别课程，2016年后开始的国际语言文化学群汉语系，我们都能让4月份入学零起点的学生经过八个月的学习，12月全部通过HSK四级。二年级的时候全部通过五级。进步快的学生，到二年级下学期学习一年零八个月后，通过了HSK六级。我们采用的是沉浸式教学用汉语授课。刚开始学习的零起点的学生听不懂，开不了口，有一段"沉默期"。但我们认为这个沉默期是有效的。第一语言学习的初始阶段也是这样的。课堂上全部用汉语，实际上也增加了复现率。

齐：是不停地在重复。

杨：对，不停地重复。一年级我们不按技能开平行课，几个老师使用同一套教材一直往前推进。我们课外还安排了汉语交际任务——"中国語イマージョンの旅"（汉语沉浸之旅）。在非目的语国家的汉语教学和目的语国家的汉语教学最大的差别是语言环境。非目的语国家的语言环境处于劣势，提高教学效果，无非就是在有限时间内尽可能多地提高语言信号的刺激频率。我们的办法一是集中课时，把三年的课时集中在一年来上，二是全部用汉语授课，课堂内的教学用汉语，课堂外的交际任务还是用汉语。这样下来效果非常好。

今天非常感谢几位老师，对于汉语如何走向世界都谈了很多引人深思的想法。感谢各位！

马真先生访谈录

（2019 年 8 月 5 日 樱美林大学）

马真，女，1938 年生于四川南充。1955 年考入北京大学中文系，1960 年毕业并留校任教，致力于现代汉语语法，特别是现代汉语虚词的教学与研究工作。先后独立著有《简明实用汉语语法》(1981)、《简明实用现代汉语语法教程》(1997 初版，2014 年第二版)、《现代汉语语法》(香港，2001) 和《现代汉语虚词研究方法论》(2004 初版，2016 修订版) 等多部专著和教材；还与陆俭明合著《虚词》(1990)、《现代汉语虚词散论》(1985 初版，1999 修订版，2017 第三版) 和《汉语教师应有的素质与基本功》(2016) 等；还参与编写《现代汉语》(1993 版，2012 版) 和《现代汉语基础》(2000)。先后发表学术论文 50 余篇。《简明实用汉语语法》被译为法文本，《简明实用现代汉语语法教程》被译为日文本、越南文本。《现代汉语虚词研究方法论》已成为国内外许多高校汉语专业本科生、研究生的教材或重要参考书。曾多次荣获北京大学、北京市哲学社会科学优秀成果奖。所参与编写的《现代汉语》教材和所参与的"现代汉语系列化课程的建设与实践"教学成果分别荣获国家教委教材一等奖、国家级教学成果一等奖。2001 年 1 月获"2001 年度北京大学桐山教育基金奖特等奖"。

现代汉语虚词研究方面贡献突出。尤其在研究方法上，善于打破传统的虚词研究框框，另辟蹊径，富有创造性。

一

编辑部（编）：请您谈谈您是怎么走上语言学研究这条路的。

马真（马）：我觉得我走上语言学道路是服从分配的结果。我中学的时候特别喜欢数学、物理，觉得学起来轻松，很容易就能拿到100分。文科呢，我很喜欢语文，老师很喜欢在课堂上拿出我的作文念。我不太喜欢经济、法律、政治这些课程。很多老师，尤其是数学老师、物理老师都以为我会报考理工科。我起先也这么想，但后来班主任老师在我高三下学期的时候建议我去报文科。那时期我身体比较差，经常感冒发烧。班主任老师说，你这样的身体状况要学理工科特别是要考清华，假如三天两头生病，很可能学习会跟不上，但学文科相对要好一些。我觉得老师说得有道理，那就报文科吧。选择了中文。

我报志愿的时候家里都没有人给我出主意。我刚上小学的时候，我爸爸带着我母亲和几个妹妹常年在外地工作，就把我留下跟外祖母、姨母在一起生活。我从小在学校里生活，感觉念书是一件令人非常愉快的事情，所以从来没有孤独的感觉，而且从小就习惯了自己的事情自己做主。

但我小学没有毕业。记得49年的秋天，按说九月份我该上小学六年级，可是因为家里孩子多交不起学费，我只好停学了。电视剧《北平无战事》讲的就是我们那段时期的情况，我很有同感。那时候工薪阶层生活不易，金圆券贬值，到下半个月就没钱买米了，经常会饿肚子。50年春，南充解放了。解放以后呢，上小学中学都不用交学费了，我又可以上学去了。我没接着上小学六年级，就直接考了中学，结果考上了南充女子初级中学。这是一所很好的公立学校。上学后我就申请了助学金，十一二岁就开始住校，在学校里吃饭了。我们这一级是春季招生，后来改成秋季招生了。到快毕业的时候，老师告诉我们，既可以跟下一班一起考高中，也可以跟上一班一起考高中。我想我还是跟上一班吧，所以念了两年半初中就考上高中了。我考的是南充高中，这是西南的重点中学，据说这个学校出了不少人才。

上高中以后，我很喜欢数学、物理，学起来也不觉得费劲儿；我也很喜欢语文，觉得读古诗词，读现代文都很有意思。

1955年我17岁，我就高中毕业报考大学了。前面说了，由于身体原因，只能报考文科。家里没人给我参谋，我就自己选择了北京大学中文系。到了北大才知道，北大中文系在整个西南区只招了三个人！如果在报考前就知道这个情况，很可能我就没胆量报考北大了。

我之所以报考中文系，因为我在中学时候，由于受语文老师的影响，很喜欢看小说，特别是外国小说，比如屠格涅夫《贵族之家》、肖洛霍夫的《静静的顿河》、西蒙诺夫的《日日夜夜》、雨果的《悲惨世界》等。我也特别喜欢看莎士比亚的戏剧集。所以自己报考中文系。当时自己有个朦胧的想法——当作家。不过到了大学以后，我们的系主任杨晦在新生入学典礼上告诉我们：我知道到北大中文系来的人都想当作家，我告诉你们，作家是从实际的社会生活中来的，北大中文系不培养作家。我们中文系只培养语言文学的研究工作者。冷水就这么泼了下来。不过不当作家没关系，研究文学也很有意思的。以前北大中文系本科都是四年制，从我们55级开始改成了五年制。我们一二年级不分专业，语言和文学在一起上大课。我们年级当时有一百零三个人，到三年级再分出语言班和文学班。不过大多数人还都冲着文学，因为当时不知道语言专业是做什么的。

我很感激当时给我们上基础课的老师。他们都是一流的学者专家，都是学术权威。我们文学方面的课程由游国恩、林庚、吴组缃、王瑶等老一辈大家给上课。语言方面的课程，由魏建功、王力、高铭凯、袁家骅、岑麒祥、周祖谟、杨伯峻、朱德熙等给我们上课。总之基础课都是这些大家给上的，我们全年级同学都在一起上课，大家打同样的基础。我们是到三年级才分专业上课的。当时听课的不光是我们55级本科生，还有一些研究生，特别是到了三年级以后，像汉藏语导论、汉语史、音韵学、语法理论、国外语言学史、诗词格律等专题课，不少研究生都跟我们一起听。

以前在高中的时候觉得学习很轻松，什么都很容易，可到了大学一下子觉得自己好像是黄毛丫头一样。比如课堂讨论时，那些调干生讲起来一套一套的，而我说得就很简单，觉得自己特别幼稚。不过我当时下决心，一定要加倍努力赶上去。那时我除了上课，基本都在图书馆看书。

我开始不会讲北京话（当时还没有"普通话"的说法，我们平时称之为"北京话"）。我们同宿舍另外两个女同学都会说北京话，其中一位还是北京人呢，就我一口四川话。那位北京同学让我讲北京话，她一说我就笑，我讲不出来，因为有心理障碍。

我在南充念中学的时候，南充的广播电台就是用四川话广播的。我觉得北京话只在电影里能听到，在话剧里能听到，只有演员才讲。我是普通人，我还是要讲我最自然的家乡话。但学校的大环境毕竟到处都讲北京话，大概过了一个月，突然有一天早晨起来我就冒出北京话来了。那北京同学一下子惊奇地说："呀，你讲北京话了，讲得挺好的呀！"从那天起我就讲北京话了。

我还记得我们刚上大学那一年，北大每年新年午夜12点要在大饭厅（文革后改建为大讲堂，后命名为"百年纪念讲堂"）举行全校新年团拜，马寅初校长等学校领导都会来参加并讲话，向大家祝福。在团拜前后，大家都是跳舞（当时都跳交谊舞）。那一年在舞会上我们还化了妆。我们三班有一位北京同学比较胖，班里让她化妆成苏联集体农庄的妇女；让一位来自河南的同学化妆成农村姑娘；我呢，班上同学说"她不用化妆，借条红领巾戴上就可以了"。记得有一个数学系三年级的同学来请我跳舞，他问我是不是少先队员。他们听说今年有个很小的同学来北大，猜想一定是个少先队员，就过来请我跳舞，来证实一下这一情况。我当时看着比较像孩子，也比较听话，非常单纯。记得解放时我们唱"解放区的天是明朗的天"，都是从心里唱出来的。解放前我学都上不起，解放之后就马上能上学了。而且我一个学费都不用交，还可以申请助学金。解放给了我这条光明大道，让我上了初中、高中，最后考上了北大。而且解放初期，刘青山、张子善他们贪污都被枪毙了，党员以身作则，在人民中威信很高。

我们 55 级 103 个同学原先分一班、二班、三班三个班。老陆在 55 级一班，我在 55 级三班。到二年级结束的时候分专业。当时大家对语言学都不太了解，再说来北大中文系大多想学文学，所以分专业时很少有人主动报语言专业的。我们班的党小组长于民找我谈话，动员我报语言专业。于民大我 8 岁，我 17，他一上大学就 25 了。他是从解放军来的调干生，参加过抗美援朝，我很尊重他。四川人看起来比较小，入学的时候，大家都觉得我像个中学生。我们班男同学老开玩笑让我叫于民"志愿军叔叔"。我记得很清楚，他当对我说："你是我们班上年纪最小的，年纪小学语言容易，适合学语言。如果党需要我们大家都去语言专业，我也会去学语言的。"我觉得他讲得有道理，于是我就心甘情愿地选择了语言专业。

二

编：走上语言学道路之后，您是怎么开展教学和研究的呢？

马：我们 1957 年 9 月进入三年级学习，到 1960 年 7 月毕业，这当中经历了大跃进。在 1958 年开始的科研大跃进中，我们班先编写了《汉语成语小词典》，接着又跟 1957 级语言班一起合作编写了《现代汉语虚词例释》。这两次科研活动，对我们来说真是一个锻炼，不仅让我们把学到的知识用于实践，还锻炼和培养了我们的科研能力。毕业以后，我和老陆听从组织安排留校任教。当时北大中文系汉语专业有两个教研室，一个是汉语教研室，主任是王力先生；还有一个是语言学教研室，主任是高铭凯先生。我们都被分到了汉语教研室。那时汉语教研室分两个教学小组：古代汉语教学小组和现代汉语教学小组，我们两个又都被分到了现代汉语教学小组，由朱先生负责带我们，主要是从事现代汉语语法的教学与研究。这一路都是服从分配的结果。我们那一代人思想都很单纯，一切服从组织分配，国家的需要，就是我们的志愿。

进入语言专业学习、从教，都是服从分配的结果，但当我真正走上汉语语言学教学和研究这一工作岗位以后，我慢慢感到语言学也很有意思，后来甚至庆幸自己幸好进入了语言学这一领域。为什么呢，我原来喜欢数学，而逻辑思维对语言分析很重要。再说从最现实的角度来看，文学很容易受社会潮流的影响，常常会出现某种观点、某个作品一会儿给肯定，一会儿又被否定。可是语言研究的成果，只要是有理有据，什么时候都站得住。就拿我们 58 年编写的《汉语成语小词典》来说，虽然是在大跃进年代编写的，但由于大家受到"勤奋、严谨、求实、创新"这北大学风的影响与熏陶，加之由魏建功、周祖谟两位先生做审订，编写极为认真、严谨，质量有保证；又由于这是我国第一本适用于中小学学生用的白话汉语成语词典，需求量很大，所以一再印刷，至今已经超过一亿本。而我们在毕业前夕跟 57 级语言班一起编写完成的《现代汉语虚词例释》，内容可以说是上乘的，几乎所有例句都是有出处的。书稿交给商务印书馆很快就排出清样；都准备要付印了，忽然凡引自《保卫延安》的例子都不能用，因为《保卫延安》写的是解放战争中的延安保卫战，其中好几个著名战役描写了彭德怀将军,而彭德怀在59年庐山会议上被定为"右倾翻案风"的代表而遭批判。例子刚换完,另一部小说也挨批了,引自那小说的例句又都不能用了,就这样不断有作者或小说出问题,我们就接二连三地换例句,一直换到文化大革命,这本书还是个清样一直没能正式出版。"文革"期间,由于对工农兵学员教学的需要,由北大印刷厂印了个内部铅印本。一直到1981年,商务印书馆才按他们所保存的当年最初的原稿清样,正式出版发行。

"勤奋、严谨、求实、创新"的北大学风对我们影响非常大,它慢慢地渗透到我们的骨子里。我们的老师,他们的为人为学也都给人以潜移默化的影响。我特别感谢北大,她让我们决心做一个要对得起北大的北大人。

2017年4月,我们陆马师门的学生在为我祝贺八十岁生日的聚会上,要我讲几句话。我说我55年17岁考入北大,从学习到任教到退休在北大已经有62年了。60多年我都干了些什么?概括起来是六个字三件事——

第一是"学习",向老师学习,向老一辈专家、学者学习,学习知识,也学习他们为人为学的态度和精神。

第二是"传承"。60年毕业后我们就上课,当时我所做的就是把我从老师那里学来的知识、方法和为人为学的态度、精神传下去。通过我的教学,我的一言一行传给学生。比如说文革结束不久,教研室分配我给新闻77级本科生讲授"语法修辞"课。以往的教材,一般都是将"知识"和"应用"前后分开安排——前面只单纯讲授现代汉语语法知识,最后集中讲写作中常见的语法错误问题。我觉得,这样的内容安排,前面讲授语法知识时很容易让学生感到枯燥乏味,引不起大家的兴趣。于是我决定从学生的角度考虑,采用新的教法——我将语法知识和语言应用有机地组合在一起。比如,讲"主语和谓语"时,先讲最必需的知识——如何确切理解汉语的主语和谓语,汉语里能作主语、能作谓语的词语有哪些,在汉语里由主语和谓语所形成的的句式有哪些,重点讲授在汉语里最具特色并有特殊表达效果的主谓谓语句和受事主语句;然后讲在主语和谓语组合中需要注意的种种问题。而在讲授需要注意的问题时,所举的病例大多是从当时中央级各大报上搜集来的,也有一部分是从这个班同学的新闻写作课的习作中搜集来的。讲授其它语法知识时基本也是这样组织教学内容的。这样做的目的,一是要让学生懂得,学习掌握好必要的语法知识对他们的写作会大有好处,让他们懂得,了解句子的结构,就像医生治病必须了解人体构造一样;二是要让他们初步学会句子结构分析,特别是掌握查找和订正句子毛病的方法。教学结果表明,这样的讲法,学生愿意学,而且学得进去。77级新闻专业学生是"文革"后恢复高考的第一届学生,都很不错,不少还是省市状元,有的学生还有些傲气。而我这样讲下来,新闻77级学生都很喜欢上我这个课。学期结束时,新闻专业主任告诉我,同学们对他说:"我们最爱听的是'语法修辞'课,收获最大的是'语法修辞'课。"应该说,这让我感到欣慰。而"要多从学生的角度考虑"这一点正是从朱德熙先生那里学来的。我们当学生时朱先生讲授现代汉语语法，全年级同学都爱听朱先生的课，甚至觉得听朱先生的课是一种艺术享受。朱先生为什么能讲得那么好？我们当了老师后才逐步知道。"要多从学生的角度考虑"，这就是朱先生告诫我们的。

三是"坚守"。我觉得坚守最重要。78年我还曾先后应邀到部队的一个研究所和一个新闻单位，给他们的年青人讲授语法修辞知识。大家听了都觉很有用。那部队研究所的领导就向我提出来，要将我的讲稿正式出版。一般来说年轻教员都希望能有机会出书，现在有人主动要给我出书，这不是难得的机会吗？但我感觉那还是个讲稿，还很不成熟。再说，我想到朱德熙先生61年就开始给59级学生上"现代汉语语法（二）"的课，往后每年都给各届学生开这个课，直到现在也没出书，我哪能现在就拿去出版？所以当时就婉言谢绝了。我觉得自己首先是老师，我的职责是教学，首先要把书教好。到了80年，我跟老陆说起78年那部队研究所领导主动向我提出要出书的事，他说你把讲稿给我看看。他还真认真地看了一遍，觉得不错，说"我看可以出版"。我当时对他说："我还不能光听你的，你跟我是同班同学，现在又是我爱人，你说了不算。"老陆说，我出个主意，你把这个讲稿给吕叔湘先生看看，如果吕先生也说可以，那你是不是就可以修改出版呢？我听取了老陆的意见，将讲稿认真地整理、修改之后就送交吕先生了。过不久吕先生就给我写了一封信，说"这本书的确确是朝着简明实用的方向写的，而且也做到了"。他还给我补充了几个北京晚报的例子，并就词类放在前面讲还是词组放在前面讲这一点提出

了不同意见。我按吕先生的意见改了。在此之前，北京出版社一位编辑（也是我们北大中文系毕业的学生）来找我，希望我的语法修辞讲稿在他们出版社出版。当时我虽没有说死，但我基本接受他的请求了。后来北大出版社的编辑知道了此事，通过主管教学的常务副系主任来找我，要求在他们那里出版。我说不好意思啊，我已经答应人家了，不能说话不算话啊。他说北京出版社那边还有两级领导没看呢，现在三四月份给我们，北大出版社九月份就能出书，而且你这是北大的教材，应该在北大出版社出版。最后就在北大出版社出版了，当然我向北京出版那位编辑说明了情况，并表示了由衷的歉意。后来有人知道我曾将稿子给吕叔湘先生看过，就问我怎么不请吕先生写个序。可我老觉得吕先生是语言所所长，很忙，请他帮助审阅稿子已让我很过意不去了，哪能再麻烦他老人家呀。再说这是一本小书，有他老人家认可就足够了。令我感到安慰的是我的《简明实用汉语语法》81年出版后多次印刷发行。1985年，国家教委高等学校文科教材办公室将《简明实用汉语语法》一书定为教学参考书，并将它列入1985–1989年高等学校中文教学类专业教材编写计划。根据教育部高教处中文教学类专业教材编写计划和当时教学的需求，我对原书进行了第一次修订，于1987年出了修订版。该书修订版出版后得到了国内外同行与广大读者的进一步肯定，陆续为国内外一些高校采用，或直接作为现代汉语语法教材，或作为现代汉语语法教学参考书。不久该书就在法国出版了法文译本。1996年，该书列入北京大学中国语言文

学系列教材，于是更名为"简明实用汉语语法教程"，借此机会我又作了一次修改。普遍反映，该书叙述深入浅出，通俗易懂，而且用例多而精当，练习多且类型多样，作为现代汉语语法教材确实简明实用。之后北大出版社不断多次印刷。日本东京外国语大学中国语学部从85年起就一直用该教材。东外大教授舆水优、依藤醇先生都先后直接向北大出版社订购，用来作为他们研究生的汉语语法教材。后来由关西大学鸟井克之教授翻译在日本出版了日文译本。据说台湾有些高校也在用这本教材。2014年我又对该书作了一次修订，于同年出版了第二版。很快，越南、韩国将第二版版权买去。今年上半年就在越南印刷出版了，在中文正文下面附加了越文翻译，不懂汉语或汉语程度不高的越南学生也能看了。

当时写这本书，是教学的需要。该讲什么，怎么讲，都是从学生学习的角度考虑的。这样出来的教材，学生需要，社会需要，会在很长一段时间里不被抛弃。

我的另一本专著《现代汉语虚词研究方法论》也是这样产生的。80年代初，中文系领导要我为汉语专业本科生开设一门"现代汉语虚词研究"专题课，同时为中文系外国留学生中文专业本科生开设"现代汉语虚词"专题课。我接受了，从1981年9月我就开始上课。1993年，有一位在商务印书馆工作的编辑（原是我们北大中文系57级语言班的学生），得知我在讲授"现代汉语虚词研究"专题课，他就约我为他们商务印书馆的一套丛书，写一本有关现代汉语虚词方面的书。并说："你什么时候写好，就什么时候交给我，我决不催你"。我和他曾在50年代学生时期一起编写过《现代汉语虚词例释》，彼此很熟悉，当然不好推辞。好在不是要得很紧，使我没有压力，可以慢慢想，慢慢动笔。所以要慢慢想，主要是想"到底该写成一本什么样的书"。这让我确实想了很久。记得80年代初我承担现代汉语虚词教学任务以后一直在思考这样一些问题："怎么让同学们准确了解和掌握汉语虚词的意义和用法？怎么让同学们自己去发现和纠正虚词使用上的毛病？怎么让同学们上了这门课之后，不只了解我讲过的某些虚词的意义和用法，而且能从中具体感悟到分析汉语虚词的思路和方法，当自己面对虚词使用的具体语言事实时，能分析、总结、描写某个虚词的语法意义和使用规则？"我想重要的"我得设法给学生一把怎么准确了解虚词、切实掌握虚词、正确运用虚词的"钥匙"。最后我决定，还是把交给学生的那把"钥匙"变成文字，以求教于同仁，并希望能对我们的现代汉语虚词研究有所裨益。中间由于患更年期综合征，成天头疼，所以这本书确定了撰写路子后直到2003年才动笔开始写，2004年4月我完稿交商务印书馆，2004年12月就给出版了。出来后我又反复修改，增加了一些内容，于2016年出了一个修订版。刘勋宁教授说这本书跟别的虚词书不一样，很实用。尽管花时间了，但我觉得这个坚守是有价值的。我不在乎多，让读者感到有用，就是对我最大的安慰。

商务印书馆总编周洪波先生一直都比较赞同我关于虚词用法的研究特别是虚词使用的语义背景的研究，希望我能按照自己的思路编写一本《常用虚词用法词典》

可以先签合同，但不催我，什么时候编写完就什么时候交给他们。我没有答应。我说，我已经这个年纪了，没这个精力了。前年商务印书馆约陆老师撰写一本《话说汉语走向世界》，该书的责任编辑建议我专门给汉语教师出一本题为"马老师讲虚词"这样的书，采取讲课的方式，以便跟《现代汉语虚词研究方法论》相区别。这个我答应了。2018年7月完稿，反复思考，最后决定用"现代汉语虚词二十讲"这样的书名，该书即将出版发行。这本书还是按我在北大讲课的精神和思路来选择虚词，讲解虚词——（一）某些虚词，辞书的释义不准确，从而容易导致人们，特别是外国学生认识上的偏误和使用上的偏误。如"也"、"反而"、"净"、"除了"、"否则"、"往往"等。（二）某些虚词，辞书的释义只注释了虚词的基本语法意义，没有说明该虚词使用的语义背景，致使外国学生不能正确把握和使用该虚词从而出现使用上的偏误[1]。如表示加强否定语气的"并"和"又"，以及"按说"等。（三）某些虚词（如句末语气词"好了"），以及某些虚词的义项（如副词"别"所表示的"提醒对方注意防止出现不如意的情况"这一义项），一般辞书都没有注意到，而这些虚词或义项在言谈交际中是比较常用的。（四）某些同义、近义的一组组虚词，如"而且：况且：何况"、"曾经：已经"、表重复的"又：再：还"、"等：等等"等，比较常用，而用法各异，对它们加以梳理、辨析，这不光对外国汉语学习者来说很有用，对中国读者来说也很需要。（五）某些形似实异的虚词，如"不管：尽管"、"只有：只要"、"以致：以至"、"从而：进而"、"既：即"等，不光对外国汉语学习者来说需要加以分辨，对中国读者也需要加以分辨。（六）在具体用法上呈现出极为有意思的现象的虚词，如介词"比"形成的"比"字句在某些方面呈现十分有意思的现象，而分析这些现象，找出其规律，不但有助于运用，同时有方法论上的意义。

我的观念就是，心里要有学生，心里要有读者，一定要让听者、读者觉得你所讲的东西对他有用处，有启发。人家愿意听，人家愿意看，我就满意了。

这里我顺带说一下我的人生理念。在我的价值观里，并不只金钱是财富，知识也是财富，友情也是财富，而且相比而言，金钱是次要的东西。能得到人的真情相待，是一种财富，比金钱更难得。我和人交往，主要看彼此真诚相待的程度。这里不妨说一下我第一次来日本访问的事儿。

我第一次来日本访问是1985年，是桥本教授邀请我作为亚非语言文化研究所的客座教授，来日本研究、教授汉语西南官话，历时一年。说到那次访问，还有这样一段故事——1983年桥本先生和美国耶鲁大学教授梅祖麟先生几乎同时应邀来我们北大中文系讲学半年，桥本先生还抽时间去我国南方进行方言调查。在此期间，我也去听了他们的讲座，不但和他们相识了，有时也和他们一起讨论问题。桥本先生访问中国结束回国后，于1984年上半年，给我发来一封信，信里说，我们亚非语言文化研究所决定要开展汉语西南官话研究这一项目。西南官话的语音、词汇我们自己可以设法进行调查，可是语法，特别是一些精妙之处，外国人前往调查是很不容易调查清楚的，更难以把握。

您是四川人,又是从事现代汉语语法教学与研究的,所以想请您来我们亚非语言文化研究所,作为客座教授研究、访问一年,主要从事汉语西南官话的研究与教学。访问时间初步定在 1985 年 10 月开始。希望您能接受我们的邀请。我收到这封信后的第一反应是,很感激桥本先生,同时我觉得一年时间太长了,因为自己不会日语,工作、生活会有困难。我给桥本先生回了封信,感谢他们的热情邀请,并表示自己也愿意帮助亚非语言文化研究所研究汉语西南官话,同时也说了自己的想法,提出访问的时间能否短一些,最好不要超过半年。桥本先生很快给我回了信。他在回信中告诉我,文部省特许他们亚非语言文化研究所每年从海外邀请三名客座教授,任期一年,任务是研究亚非语言文化,在后期进行语言教学。聘用客座教授的经费由文部省负责。到教学阶段还会另配两名助手,经费也由文部省出。文部省要求受聘人必须是教授,聘期必须是一年。邀请您作为客座教授来我们研究所研究一年是我们教授会议全体通过的,大家认为您是研究西南官话的最佳人选,虽然你现在还不是正教授,但我们完全可以说服文部省。桥本先生在信上还说,他在北大讲学的时候就跟梅祖麟商量过研究西南官话语法的问题,梅祖麟就推选您,我们都觉得您是最合适的,因为您是四川人,又是一直从事现代汉语语法教学与研究。我们还是希望您能接受我们的邀请,来访问、研究一年。如果您只能来半年,我们只能从别的渠道申请经费,可是这没有保证。我看了桥本先生的回信,立刻发现他把我的职称给弄错了,以为我现在是副教授了。所以我马上回信告诉桥本先生:"你们弄错了,我现在还是个讲师,请你们赶快考虑另外选择合适人选"。结果过了一个多礼拜就接到了桥本先生的复信,他说已经把您的情况向所里汇报了,但大家仍然认为根据您现在的情况,您现在的职称不影响我们对您的邀请。我们完全可以用您的学术论著,用您的教学经验说服文部省,告诉文部省,"马真先生在学术上、资历上都够教授了,只是因为中国经历了'文化大革命',影响了职称的提升"。我觉得人家是很真诚的,决定应邀前往。我回信表示接受邀请。于是 84 年的暑假我就回家乡去做了一个多月的方言调查。我于 1985 年 9 月 30 日到日本访问,桥本先生还有东外大中国语学科的教授舆水优先生(舆水优先生曾于 1978–1979 来北大中文系访学研究一年)亲自到机场接我。我去以后,亚非所中国语部专门成立了"西南官话研究小组",我按照所里的要求,制定了一个研究计划。每个星期六我要将我的研究成果写出来,在组里讨论。研究汉语方言的太田斋当时也是小组成员,太田斋的夫人柯理思(法国人)当时在筑波大学攻读博士学位,她也常和我们在一起讨论。讨论很热烈,有时也会发生激烈的争论,彼此之间的关系也越来越融洽,我工作得很愉快。我和桥本先生原先彼此都用"您",后来彼此也逐渐地用"你"代替了"您"。有一天桥本先生笑着对我说:"你跟很多人不一样。"接着说,你爸爸给你取了一个很好的名字"真"。你对待朋友"真"诚,做事情认"真",做研究"真"实严谨。

在这一年中,进行了汉语西南官话的研究和教学,跟桥本先生一起合作编写出版了《西南官話基本文型の記述》(1986年，日本东京外国语大学亚非语言文化研究所）和《西南官話教本》(1986年，日本东京外国语大学亚非语言文化研究所），圆满完成了访问研究任务。我感到欣慰，觉得没有辜负北大。

我和桥本先生就这样建立起了深厚的友谊。不幸的是，我回国后不久，他因患胃癌英年早逝。我为失去这样一位可敬可亲的朋友感到无比悲痛。1997年我再次访问日本时，我和老陆由平山先生和他的一位学生陪同，专程去群马县桥本先生的墓地进行了凭吊。

三

编：最后请马老师谈谈对年轻一代学者和研究生有什么样的期望和要求。

马：有一次我和老陆应邀参加某所高校外语学院的几位博士研究生学位论文开题。他们的导师要求学生要做汉语方面的研究课题。这一点我是很赞赏的。我以前没参加过外语系的学位论文开题，这是第一次。我看了他们的开题报告，写得还是很认真的，但我总觉得他们的方向好像有点不对头。在开题会上，我直言不讳。我说，你们的开题报告存在"两张皮"的问题：理论是一张，语言事实是一张。为了要用这个理论，先摆出理论架子，再举上几个汉语例子。我觉得这样的研究方向不对。这样做不会有创造性，只能跟在人家后面走。对国外当代前沿语言学理论方法，我们需要学习借鉴，但目的是为了更好地解释汉语的现象，解决汉语的问题，而不是为引用而引用，更不是贴标签。

一个从事语言研究或语言教学的人，都要关注语言事实，而且要形成对语言事实的敏感。我们还要善于从前人的论著中、从语言实践中发现问题；发现问题后要进行具体深入的分析研究，这样才可能在前人研究成果的基础上有所前进。从事中国语教学的老师，还要善于从日本学生用词、用句的偏误现象中发现、分析问题，思考、研究学生为什么会出现偏误现象，以及应该怎样避免出现这些偏误现象。

探索的过程是很苦的，但当问题想明白并获得了可喜的新的结论时，你会有一种成就感，研究者的乐趣也就在这里。

编：今天非常感谢马老师百忙之中接受编辑部的采访。今后也请马老师多多关照。

注

[1] 只注释虚词的基本语法意义，不说明该虚词使用的语义背景，这对母语为汉语的中国人来说可以，辞书也无需修改现有的释义；但对外国汉语学习者来说，有碍他们掌握该虚词的具体用法。因此面对汉语教学的汉语词语用法词典，应尽可能说明虚词的具体用法，指出该虚词使用的语义背景。

本期论文中文摘要

构式语法与语体语法：汉语作为外语教学的角度
刘乐宁

构式语法和语体语法是近年发展最快、成果最丰的两种语法理论框架。本文从汉语作为外语教学的角度讨论二者在汉语语法研究中的应用和对汉语作为外语教学的启发。本文从双宾语结构入手，首先揭示语体对语言构式的形成和使用的限制，并讨论了"统计优势"和"过度归纳"等语言习得机制在外语学习过程中的作用。文章通过分析英语为母语的汉语学习者的多个习得偏误，揭示语体因素在语言各个层面构式中的影响，指出"语体"是语言构式的诸多"意义/功能"之一，对语言构式语体功能的学习是全面掌握语言构式功能的一部分，需要逐渐掌握。文章最后以"学术汉语"教学为例，应用汉语语体语法近年的研究成果较为全面地分析了汉语学术语体的语言学特征，以期对专用汉语的教学有所裨益。

日本学生汉语中介语语篇的结构特征研究
——对比修辞学的视角
娄开阳

Kaplan（1966）对比修辞学种子性研究的理论假设认为：英语母语者作文的语篇模式呈直线型结构特征（Linear），而东方语系母语者的 L2 作文呈螺旋型结构特征，其成因是由于学生母语文化思维模式的迁移造成的。日语当然是东方语系的代表语言之一，本文依据 Kaplan 对直线型模式的界定（有中心且有中心句；中心句居于篇首；结构关系为解证关系），运用语料库语言学和统计学的方法研究了 175 篇日本学生汉语 L2 作文的语篇模式，结论表明，日语母语者的结构特征也呈直线型：87.4% 的样本中有中心思想且有中心句；76.6% 的中心句位于篇首；在有结构关系的样本中解证关系占 97.3%。这说明 Kaplan 对比修辞研究的理论假设是值得商榷的，日本学生的母语文化思维模式并未对其 L2 作文的结构特征产生直接影响。本研究的结论可为对比修辞研究做出理论贡献，并为对日汉语写作教学提供借鉴。

旧承德府辖境地名"杖子"探源
李云龙

旧承德府辖境地名中的"杖子",不是源于"栅栏"义的"障子",该溯源与清代文献的记录不符。"杖子"源于其他方言中的"庄子",被进入承德府的移民从山东、直隶、山西等地带来,"杖子"记录的是"庄子"的读音。"杖子"是清代山东、直隶、山西等地方言的遗留。要弄清包含旧承德府辖区在内的北京官话方音史,须特别关注诸如"杖子"词语的词形和读音。

"急就篇"系列教材"问答"异文新解
——以"今日、今儿个、今儿、今天"为例
姚伟嘉

由宫岛大八主编、中国教师校阅的"急就篇"系列教科书在二十世纪的日本汉语教学史上,具有极其重要的地位。为确保教材内容紧跟时代、符合学习者需求,其编写者对其进行过两次较大规模的修订,形成《官话急就篇》、《急就篇》、《改定急就篇》三个反映不同时代汉语面貌的版本。本文穷尽考察三本异文,解析"今日、今儿个、今儿、今天"这组词在不同版本中的使用。发现后出版本在对旧版语言进行修订时,不但有现代化、通语化、平等化的原则,更创造性地采用了"等义并现"策略,将所指相同且口语中使用频次较高的一组表达(可以是词、短语以及语法结构)编入同一段对话中,如:"今儿–今天"、"告诉–知会"、"多暂–几时"、"住在一处–一起住"、"在……住–住在……"等。该策略避免了分散记忆,可快速丰富学生语汇,提升学习效率,值得当代汉语教材借鉴。

中国語の"adj + 起来"と日本語の「adj + なってくる」との対照研究
—副詞とのかかわりを中心に—

梁玥

　　汉语的趋向动词"起来"和日语的补助动词「～てくる」不仅可以表达空间上的变化，也可以表达时间上的变化。迄今为止的研究大多围绕着"V +'起来'"「V + てくる」与动词搭配的语义结构，尚未涉及与形容词搭配的语义结构，关于两者的对比研究尚未出现。本文以"adj + 起来"与「adj + なってくる」的句法同现和句法结构为主线，从语义、时态和副词搭配的视角来比较两者之间的异同点。通过对比研究，得出了以下结论：

　　汉语中的形容词与趋向动词"起来"搭配时可以直接构成词组，但日语当中的形容词与助动词「～てくる」搭配时，中间需要借助于动词「なる」，变成「adj + なってくる」的形式。"adj + 起来"与「adj + なってくる」都可以接受表示变化过程的副词的修饰。"adj + 起来"与「adj + なってくる」分别可以与"又"、「また」等副词搭配，表示状态的反复出现。

　　汉语中的"adj + 起来"很难与"很""非常"等表示绝对程度的副词同现；而日语中的「adj + なってくる」却可以和「少し」「大変」等表示绝对程度的副词同现。"adj + 起来"的否定形式为"adj + 不 + 起来"和"没（有）+ adj + 起来"，而「adj + なってくる」却没有否定形式，其否定语义由其他形式来承担。

《汉语与汉语教学研究》稿约

一、刊载内容

本刊为开放性学术刊物，主要刊登汉语本体研究、汉语教学研究以及汉日、汉英对比研究方面的论文。此外，本刊还设有学术座谈专栏，不定期刊登资深语言学家的访谈录。

二、论文体例

（一）使用语言　原则上使用中文，日文、英文亦可。

（二）论文构成　投稿论文由"作者信息"与"论文"两部分组成。

　　1. 作者信息（含合著方信息，不加页码）

　　　　① 论文题目

　　　　② 作者姓名

　　　　③ 单位、职称

　　　　④ 联系方式（邮编、通讯地址、电话号码、电子邮件地址）

　　2. 论文（加页码）

　　　　① 论文题目

　　　　② 正文

　　　　③ 附注、例句出处

　　　　④ 参考文献

　　　　⑤ 中文摘要

（三）版面要求

　　1. 论文使用A4纸，每页40字×40行。中文8页以内，日文11页以内（不包括中文摘要部分）。

　　2. 中文题目使用四号黑体（Simhei, 14p）。日文题目使用MS ゴシック体（MS Gothic, 14p）。下空两行。

　　3. 正文中文使用五号宋体（Simsun, 10.5p）。日文使用MS 明朝体（MS Mincho, 10.5p）。例句序码一排到底。序码后空半字空。起行空二字空，回行齐汉字。国际音标括号用直方括号"［　］"声调一律用数码标在右上角。日文行文使用"、""。"等标点符号。

　　4. 正文中的注码用①②③④⑤⑥⑦⑧⑨⑩编序码。中文使用小五号宋体（Simsun, 9p），日文使用MS 明朝体（MS Mincho, 9p）。居文字右上角。如果后面有标点符号，则放在标点符号后边。附注与正文间空一行。中文"附注"二字顶格，中间空一字空，使用小五号黑体（Simhei, 9p），日文"注"字使用MS ゴシック体（MS Gothic, 9p）。注文中文使用小五号宋体（Simsun, 9p），日文使用MS 明朝体（MS Mincho, 9p）。另起一行，空二字空，回行顶格。注码后空半字空。

5. "参考文献"四字中文使用小五号黑体（Simhei, 9p），日文使用 MS ゴシック体（MS Gothic, 9p）。顶格。所引文献、书目等，中文使用小五号宋体（Simsun, 9p），日文使用 MS 明朝体（MS Mincho, 9p）。另起一行，顶格，回行空汉字 7 字空。参考文献按中文、日文、欧文归类排列。书写顺序为：作者或编者（二人以上，中间空一字空）、出版年份（前后各空一字空）、文题、刊名（加书名号）、期数、引用页数。

6. 中文摘要使用五号宋体（Simsun, 10.5p），400 字以内。

三、来稿方式

来稿原则上须提交打印本和电子本各一份。每期投稿截止日期为 1 月 31 日（东京时间）。打印本以当地邮戳为准。日本以外地区的投稿可免寄打印本。编辑部收到稿件后会以电子邮件的方式回函确认。

电子本使用 doc 或 pdf 格式，名为"paper_○○○"（"○○○"为作者姓氏拼音）。邮件标题设为《汉语与汉语教学研究》投稿论文"。

邮寄地址：〒194-0294 東京都町田市常盤町 3758 桜美林大学孔子学院
《汉语与汉语教学研究》编辑部

电子本发送地址：hjyanjiu@obirin.ac.jp

四、稿件处理

本刊设匿名审稿制度，稿件均由相关专业领域的知名学者审定。审稿结果于每年 5 月 10 日前以电子邮件的形式通知投稿人。本刊不设稿酬，刊登后赠当期刊物 5 份。

《汉语与汉语教学研究》编辑部
2010 年 5 月 5 日
2012 年 6 月 6 日修订